En dråbe i det kosmiske hav

Hans Garde

En dråbe i det kosmiske hav

Sats og omslag: Books on Demand GmbH
Forlag: Books on Demand GmbH, København, Danmark
Fremstilling: Books on Demand GmbH, Norderstedt, Tyskland
Bogen er fremstillet efter on-Demand-proces

ISBN 978-87-7691-146-1

INDHOLD

FORORD

Jeg har fået lyst til at skrive om mit liv fra maj 1978, hvor jeg blev *født på ny.*

På et øjeblik »døde« jeg fra min fortid. Alt det jeg troede var mig, var ikke mig. Nu begyndte der et kæmpe arbejde med at finde et nyt livsfundament, og med at finde ud af hvem jeg i virkeligheden *ER.*

Først nu, efter 28 år, har jeg en følelse af, at arbejdet er begyndt at bære frugt.

Bogen tager udgangspunkt i mit liv og mine oplevelser, og er i den forstand selvbiografisk. Men det er ikke en traditionel selvbiografi, for bogen koncentrerer sig ikke særlig meget om hvad jeg har foretaget mig på det ydre plan. Bogen fortæller snarere om alle mine erfaringer, mine kampe og mine indsigter. Ud af alt dette er der vokset en filosofi frem. Denne filosofi gennemstrømmer hele bogen.

Bogen har hverken noget med tro eller sandhed at gøre. Jeg forsøger bare at skildre *min* virkelighed. Du har din egen virkelighed, din egen sandhed, som du sikkert er glad for.

Det er helt op til dig at bruge bogen som du lyster. Jeg har ingen forventninger.

Min bror Jacob har været min sparringspartner gennem hele skriveprocessen. Hans hjælp har været af uvurderlig betydning.

KAPITEL 1

En ny fødsel

Mit navn er Hans. Jeg blev født i 1939. Mine første 39 år forløb i hvert fald på overfladen som et ganske almindeligt liv. Jeg voksede op i Charlottenlund, i et trygt, borgerligt, lidt snobbet hjem. Musik, sport, gymnasium, venner. På mange måder en helt almindelig opvækst.

Meget tidligt i mit liv havde jeg imidlertid den følelse, at de voksne, deriblandt mine forældre, trak en sæk ned over hovedet på mig. »Sækken« var deres begrænsede verden, som de ønskede, at jeg skulle ind i. Jeg kunne føle begrænsningerne, og havde hele tiden en fornemmelse af, at jeg ikke havde lyst til at være inde i deres normale, begrænsede verden. Men jeg vidste ikke rigtigt hvad jeg skulle stille op med den fornemmelse.

Jeg begyndte at studere til ingeniør, og kom efter endt uddannelse ud i det pulserende erhvervsliv. Jeg fik hurtigt succes, og fik en ledende stilling i byggebranchen. Det gik godt for mig, og min tilværelse var relativt sorgløs. Da jeg var i slutningen af tyverne, blev jeg gift. Vi fik to børn. Vi købte en stor villa i Holte. Vi var aktive, vi havde mange interesser og en stor omgangskreds. Rejser, sejlbåd, to biler. Kort sagt: Det var det som mennesker almindeligvis ville kalde et succesrigt liv.

Men inderst inde havde jeg en følelse af, at jeg var »på besøg« i den almindelige verden. Jeg havde dog endnu ikke styrken til at træde udenfor.

Jo nærmere jeg kom de 40, blev fornemmelsen af, at jeg ikke levede livet på den måde, som jeg i virkeligheden ønskede det, stadigt stærkere.

Uden forudgående varsel havde jeg i maj 1978 en oplevelse, som ændrede mit liv totalt.

Jeg sad ved mit havebord og spiste middag med min kone. Hun fortalte, hvorfor hun syntes, at vi skulle have et tredie barn. Jeg kan huske jeg forsigtigt siger, at jeg ikke føler, at jeg har overskud til det. Jeg kan mærke hendes dybe skuffelse. Jeg lukker øjnene, for det er for hårdt at se på hende. Jeg er bange for hendes reaktion og ked af, at jeg må skuffe hende. Pludselig, og uden varsel, har jeg en oplevelse, som sproget ikke rækker til at beskrive. Oplevelsen af "mig" som et adskilt væsen forsvandt:

Jeg så at universet var en stor levende bevidsthed. At evigheden var i alt og alle, og at kærlighed bandt hele universet sammen.

Jeg så at alle mennesker er udødelige, at lykken for alle og enhver i det lange løb er helt sikker.

Visionen varede blot nogle få sekunder, men den fik en afgørende betydning for mig og mit liv. Denne oplevelse betegnes i åndslitteraturen som *kosmisk glimt*.

Min opfattelse af hvem *jeg er* ændredes fuldstændigt. Min familie var ikke min biologiske familie. Min familie var universet. Kultur, traditioner, religioner, politik, position i samfundet; alt var uden interesse. Eller sagt på en anden måde: Jeg blev født på ny, men med den samme krop.

Min reaktion var chok, lammelse. Min identitet havde

været succesrig ingeniør. Nu var jeg »bare« en dråbe i det store kosmiske hav.

Min kone spurgte hvad det var der skete. Jeg mumlede noget om *alkærlighed*. Hun blev selvfølgelig utryg, da hun heller ikke fattede hvad der skete. Hun valgte at gå en tur, og da hun kom tilbage, bad hun mig om at forlade huset. Da jeg var i en choktilstand, parerede jeg bare ordre.

I små to måneder boede jeg på min sejlbåd, og passede mit arbejde. Mange kunne se, at jeg havde det svært. De ville gerne hjælpe, men deres »hjælp« var baseret på traditionel tankegang. De ville have mig tilbage, som jeg var engang. På opfordring konsulterede jeg både en psykolog og en psykiater. Det blev kun til én time hos hver. Fælles for dem begge var, at de ikke anede hvad de skulle stille op med mig. Deres lærebøger nævnte ikke mit tilfælde, så de valgte at tale om sig selv.

Der var ingen vej udenom: Jeg måtte videre uden hjælp fra andre. Derfor besluttede jeg at sejle ud med min sejlbåd. Jeg måtte finde ud af, hvordan jeg skulle komme videre med mit liv. Efter 3 døgn for anker ved Anholt vidste jeg, at jeg ville gå ned på halvtid på arbejde. Jeg vidste godt, at det kun var en start på mit nye liv, men et sted skulle jeg begynde.

Næsten alle mine venner forlod mig. Jeg var jo en helt anden end de troede jeg var. Min biologiske families traditionelle tankegang var så massiv, at jeg ikke magtede at være sammen med dem. Nu har jeg fuld forståelse for at reaktionerne var som de var. Den enkelte var nødt til at beskytte sin egen oplevelse af livet, og de ville jo også gerne bibeholde den relation til mig, som de var vant til.

Paradoksalt nok var min arbejdsplads et fristed. Jeg

indkaldte mine nærmeste kolleger, og orienterede dem om, at jeg stod overfor nogle store udfordringer i mit private liv. Så hvis jeg virkede trist, afvisende og fraværende, havde det intet med vores samarbejde at gøre. Deres loyalitet var en stor hjælp.

Min ensomhed var stor. Jeg havde naturligvis stor lyst til at dele min kosmiske oplevelse med mine medmennesker, men det gjorde mig endnu mere ensom. Reaktionen var næsten altid negativ. Den mest almindelige reaktion var, at jeg blev beskyldt for at missionere. Mit budskab var jo bare, at vi alle er evighedsvæsener.

Jeg begyndte at læse. Der måtte jo være andre, som havde oplevet noget tilsvarende. Men det var helt nyt land jeg skulle i gang med at opdage, da jeg i mit almindelige voksenliv aldrig havde læst filosofi eller åndsvidenskab, og heller ikke havde studeret de store religioner.

En af mine venner, som ikke havde forladt mig, anbefalede mig at læse »Siddharta« af Hermann Hesse. Bogen blev en stor støtte for mig, fordi den i store træk beskrev mit liv. Siddharta »døde« også og blev født på ny.

I studiet af Martinus' »Livets bog« erfarede jeg, at min kosmiske oplevelse blev beskrevet som »Den store fødsel«, der er *porten til den virkelige oplevelse af livet, til oplevelsen af udødelighed, til oplevelsen af at føle sig ét med alle levende væsener.*

Asger Lorentsen's bøger om *menneskets åndelige rejse* bekræftede ligeledes min oplevelse, ligesom de indførte mig i okkultismen. Her er det på sin plads at nævne, at *det okkulte* blandt mange mennesker har fået en både fejlagtig og begrænset betydning. *Okkult viden betyder simpelthen skjult viden.*

Andre bøger, som var en meget stor hjælp, skal nævnes:

Cyril Scott: Den indviede.

Dan Millman: Den fredelige krigers vej.

Richard Bach: Illusioner.

Disse bøger havde en særlig stor tiltrækningskraft på mig. I alle tre bøger er den centrale skikkelse et menneske, hvis arbejde med at hjælpe menneskeheden foregår totalt afsondret fra offentligheden. Disse mennesker er helt blottet for forfængelighed. De virker alle i ubemærkethed. De er sande visdomsmestre.

I studiet af de store religioner oplevede jeg mange interessante ting. Jeg oplevede, at man kan læse de »hellige« skrifter på mange måder. Jeg vil hævde, at der ikke findes to mennesker med fuldstændig den samme oplevelse. Ikke desto mindre findes der sekter, som påstår, at bibelen kun kan læses på deres måde, men mange samtaler med medlemmer af en sekt viste, at der trods alt var mange forskellige oplevelser. Den unge sjæl læser bibelen på en anden måde end den modne sjæl.

Hvis jeg skulle vælge at tilslutte mig én religion, ville jeg vælge buddhismen, men jeg har det bedst med at stå udenfor.

Kristendommen og buddhismen har – for mig at se – det samme fundament:

Buddhismen: Uendelig medfølelse med alt levende.

Kristendommen: Elsk din næste som dig selv.

Det er naturligt for mig at sige: »*Jeg er både kristen og buddhist.*«

Selv om jeg fik stor støtte fra bøgerne, var min ensomhed stadig stor. Jeg besluttede at gå i regression (tilbage i tiden) for på den måde at forsøge at få svar på spørgsmålet om min ensomhedsfølelse.

Jeg fik kontakt til en terapeut, som hjalp mig til at gå tilbage i tiden. Den første episode vi standsede op ved, var i mine første leveår, hvor jeg følte stor ensomhed. Længere tilbage oplevede jeg mig selv i Frankrig ca. år 1800, hvor jeg som kurér blev myrdet, selv om jeg følte, at jeg sagtens kunne forsvare mig. Videre tilbage, også i Frankrig, ca. år 1500, hvor jeg vagabonderede med min hest. Jeg mødte en pige, som jeg havde lyst til at voldtage, men da jeg så ind i hendes øjne, undlod jeg. Jeg oplevede hendes taknemmelighed over at jeg lod være.

Regressionen sluttede i Sydtyskland år 1170, hvor jeg var en barsk krigsherre. Jeg nedslagtede en flygtende fjende sammen med mine mænd.

Da vi fejrede den store sejr på borgen, kunne jeg pludselig mærke, at den var helt gal.

Jeg angrede. Dér begyndte min ensomhed. Jeg stod helt alene med den følelse, da det dengang var naturligt at dræbe sine fjender.

De første par dage efter regressionen følte jeg mig som krigeren, følte hans ensomhed; men jeg skulle selvfølgelig tilbage til nutiden.

Regressionen hjalp mig til at acceptere min ensomhedsfølelse. Jeg fornemmede, at det, som jeg skulle lære, måtte jeg klare alene.

En mester har engang sagt:

»I ensomheden blomstrer sjælens rose.«

2 år efter min kosmiske oplevelse forlod jeg erhvervslivet. Jeg begyndte at producere cellostrenge et par timer om dagen, og assisterede i ny og næ i 2 professionelle

orkestre med min cello. Da produktionen af cellostrengene foregik hjemme, var ensomheden stadig dominerende. Men jeg blev mere og mere fortrolig med den.

I perioder, hvor humøret var nede, søgte jeg, mest som trøst, tilbage til parforholdets »glæder«. Det løste kun i forelskelsens fase ensomhedens problem. Imidlertid opdagede jeg, at mellemfasen mellem to forhold trods alt var at foretrække. Det bedste ved at være i parforhold var at jeg lærte meget. Partneren var indirekte min læremester. Jeg oplevede, at jeg blev bedre og bedre til at respektere partnerens liv, selv om det var vanskeligt. En anden erfaring, jeg gjorde, var, at jeg indså, at hjælp ofte er en indblanding i andres liv, og at jeg ved at hjælpe kan risikere at forhindre et medmenneske i at høste sine egne erfaringer.

I mit andet ægteskab, som varede 4 år, lærte jeg umådeligt meget. Det blev en stor mulighed for at komme endnu dybere ned i mine skjulte sider. Ideen med dette ægteskab, skulle jeg senere erfare, var at jeg, på den måde, kunne gøre yderligere fremskridt i min åndelige udvikling. Det blev 4 vanskelige og lærerige år.

Udfordringen var åbenbart så stor, at jeg ikke kunne klare det på egen hånd. Heldigvis fik jeg hjælp fra en helt uventet side.

KAPITEL 2

At tolerere

Den foreløbigt største lykke i mit liv var da mine åndelige hjælpere kontaktede mig.

Jeg må ikke oplyse om, hvordan kontakten foregik. Det eneste jeg har fået lov til at fortælle er, at mine hjælpere ikke har nogen fysisk krop. Det satte virkeligt skub i min udvikling, da mine åndelige hjælpere kontaktede mig. Det var barskt, fordi mine skjulte sider kom op til overfladen, og det er ikke særligt rart. Jeg havde skjult dem, fordi jeg var flov over at vise dem til mine omgivelser. Men vil du lære dig selv at kende til bunds, er der ingen vej udenom. De »negative« egenskaber *må* frem til overfladen.

Hvilke egenskaber var der tale om? Forfængelighed, sårbarhed, dominans, ivrighed, bedreviden og sikkert mange flere. Det er et hårdt arbejde at blive dem kvit, men først skal de erkendes. Så begynder det lange seje træk, med at være bevidst om hver gang de »negative« egenskaber stikker deres ansigt frem. Processen tager tid. Det kræver både tålmodighed og tolerance med sig selv. Det er det jeg forstår ved åndelig udvikling, eller åndelig udfoldelse.

Hvilke metoder brugte mine hjælpere? Den mest almindelige metode var at sætte mig under pres. Når jeg blev presset, viste jeg mine skjulte sider. På den måde fik jeg større og større selvkendskab. Men det gjorde ondt. Den mest effektfulde måde at presse på, var ved at drille. Således blev jeg konfronteret med min sårbarhed. Der blev gjort et effektivt arbejde fra mine hjælpere. Selv om jeg føler, at der er blevet renset godt ud i mine mørke sider, er der sikkert lang vej endnu.

Tvivlen var en evig følgesvend! Da jeg ofte blev presset, var jeg tit i tvivl om hvorvidt mine åndelige hjælpere virkelig var sande hjælpere. Jeg havde oplevet mange skræmmende eksempler på psykisk syge mennesker, som ukritisk labbede alt det i sig, som de hørte som indre stemmer, hvad enten det var smiger eller trusler. Så jeg var ekstra på vagt. Åbning til åndelige energier kan være en berigelse, men det kan ikke understreges nok, hvor vigtigt det er at have en god *skelneevne*.

På det fysiske plan er det helt naturligt, at der er visse mennesker, som vi ikke har lyst til at være sammen med. *Vi skelner.* Ved kontakt til de åndelige planer er det endnu vigtigere med skelneevnen, da det er et univers, som vi stort set ikke véd noget om. Der er kort og godt uendeligt mange faldgruber.

Tvivlen forsvandt først, da frugterne af mit arbejde så småt begyndte at vise sig i hverdagen. Når jeg havde det ekstra svært fik jeg støtte af mine hjælpere med kærlighed og visdom.

2 år efter min første kontakt til mine hjælpere, modtog jeg en opgave:

Hvis jeg blev misforstået, skulle jeg tolerere.

Hvis jeg mødte vrede, skulle jeg tolerere.

Hvis jeg blev hånet, skulle jeg tolerere.

o.s.v

I en del år var jeg skuffet over at jeg ikke fik en mere interessant opgave af mine åndelige hjælpere, men der skulle jo også arbejdes med min forfængelighed. Jeg følte, at det *at tolerere* var en meget lille betydningsløs opgave. Men stille og roligt voksede en erkendelse af opgavens storhed.

Selv om jeg forsøger at være tro overfor min opgave, er jeg langt fra tilfreds med min egen indsats. Her tror jeg, at det er vigtigt ikke at være for hård ved sig selv. Tolerancen gælder vel også overfor mig selv. Det er en lang proces – jeg kan altid blive bedre.

Umiddelbart lyder det som en meget simpel opgave, men selvom jeg har haft opgaven i 23 år, bliver jeg aldrig færdig med den. Hvis tolerancen skal have et positivt udtryk, er det yderst vigtigt, at der ligger stor styrke og vilje bag. Hvis der derimod ligger frygt og usikkerhed bag tolerancen, kan den blive opfattet som svaghed, og du vil blive domineret af dine omgivelser.

Jeg er langsomt blevet klar over, at det *at tolerere* i sin yderste konsekvens er *kærlighed*. Hvor meget skal jeg acceptere? Hvor meget skal jeg tolerere? ALT! Hvis jeg elsker et menneske, skal jeg acceptere alt ved dette menneske. Jeg skal ikke ønske at lave noget om ved dette menneske, for det *kan* jeg ikke og det *må* jeg ikke.

Tolerance/kærlighed kan udtrykkes på mange måder. Her er et par eksempler:

»Du behøver ikke at kunne lide alle mennesker. Du kan bare elske dem.«
Ukendt

»Vær overbærende; du har selv brug for overbærenhed med alle dine fejl. Om andre bærer over med dig skal ikke på-virke dig, det er GUD's overbærenhed du beder om.«
Gandhi

»Hvad han først og fremmest lærte, var at lytte, lytte med stille hjerte, med ventende åben sjæl, uden lidenskab, uden ønske, uden dom, uden mening.«
Hermann Hesse: Siddartha

»Min opgave er at være vidne til narkomanernes elendige liv.«
Præst i Mariatjenesten

Kontakten til mine åndelige hjælpere varede 5 år med få pauser. Det kunne selvfølgelig ikke vare ved. Afskeden var nødvendig, jeg skulle lære at stå på egne ben. Det gjorde ondt. Savnet var stort, men er nu mildnet. Jeg har sommetider sporadisk kontakt – det lindrer savnet.

KAPITEL 3

Mine drømme

Hjælperne gav sig også til kende i mine drømme. De introducerede mig til et, for mig, helt ukendt univers. Jeg havde aldrig beskæftiget mig med drømme før, så jeg var selvfølgelig dybt overrasket og uendeligt glad. Det faktum at jeg aldrig havde beskæftiget mig med drømme før, oplevede jeg faktisk som en fordel, da min »tolkning« ikke skulle passe ind i etablerede eksperters skrifter. Jeg var ikke tynget af viden.

Jeg blev aldrig klar over, om der var én eller flere hjælpere, der kom til mig i drømmene. I en drøm kom for eksempel én hjælper og viste mig, at han inden for et øjeblik kunne være 4 forskellige skikkelser. 2 skikkelser jeg kendte og 2 skikkelser jeg ikke kendte (den ene en jesusskikkelse). Jeg besluttede, at jeg ikke på nogen måde ville prøve at forstå (intellektuelt) dette nye spændende univers. Det ville da være hovmod at tro at jeg kunne det.

Samtlige mine betydningsfulde drømme, oplever jeg ikke selv som traditionelle drømme, men snarere som et samvær med andre i en anden virkelighed. Det tror jeg forklares bedst ved at jeg fortæller nogle af drømmene, og knytter nogle kommentarer til hver drøm.

*

Jeg blev omfavnet af en ualmindelig smuk ung kvinde/pige/ engel, som sagde, det var min tur til at blive hjulpet over på »den anden side«. Jeg oplevede en uendelig stor lykke og glæde. Jeg spurgte, om jeg havde været lang tid om det. Hun smilede bare. Hun spurgte, om jeg var parat. Hun udstrålede uendelig godhed.

Resultatet fra drømmen begyndte så småt at vise sig fra sommeren 1991, da en anden og mere dagsbevidst kontakt til mine åndelige hjælpere begyndte at vokse. Jeg var selvfølgelig også spændt på hvad *»den anden side«* var.

*

Jeg gik på en hvid trappe op mod lyset. Jeg så ikke lyset direkte, der var en klippe som trappen førte udenom. Klippen symboliserede en bestemt person.

Drømmen modtog jeg 2 uger efter min opgave med *at tolerere*. Klippen skulle jeg bare gå udenom. Jeg skulle frigøre mig fra den pågældende person.

*

En ung mand er ved at sprænges af eksistentielle spørgsmål. Jeg vil hjælpe. Han afviser.

Jeg skal ikke hjælpe. Jeg må gå min egen *vej*. Drømmen skulle hjælpe mig ud af den vildfarelse at jeg kan hjælpe. Jeg skal *tolerere*.

*

I nat drømte jeg om Jesus. Jeg græd meget.

Det var bare én af mange gange hvor jeg blev trøstet.

*

2 venner er uenige om hvordan en opgave skal gribes an. Den ene vil bare gå i gang, den anden vil bruge 4 dage til at studere brochuren. De spørger om min mening. Jeg siger: »Begge metoder er lige gode. I er bare to vidt forskellige personligheder, som griber tingene an på hver sin måde.«

Jeg tolererede dem begge.

*

En mand forfølger en dreng med det formål at gøre ham ondt. Drengen er frygteligt bange. Jeg betragter! Manden kigger undrende på mig. Jeg siger: »Jeg står og tænker på hvorfor vi mennesker så tit er så onde ved hinanden.« Den onde mand bliver åbenbart påvirket af min »ikke handlen«, samt min mangel på dom. Han bliver pludselig flink over for drengen.

Ved at tolerere skabte jeg en atmosfære, som skabte fred. Så simpelt er det.

*

Vi var en masse mennesker på kursus. Udbyttet var vidt forskelligt. Det afhang af den enkeltes åndelige udviklingsstade. Jeg oplevede hvad der skete, når man er kommet til det stadium i sin åndelige udvikling, hvor ens åndelige hjælper har hjulpet en op til ydmyghedens port. Jeg modtog følgende sætning: »Når porten åbnes vil hjælper og elev forenes i usigelig glæde.«

Helt vidunderligt budskab! Men hvornår? Men jeg skal jo også lære tålmodighed.

*

23

Var fortvivlet. Vidste ikke hvad jeg skulle gøre. Lå til sidst i en kirke foran alteret og græd og bad om hjælp. Var alene i kirken, men syntes at høre en lyd. Gennem tårer så jeg lys i tæppet under mig. Pludselig blev jeg løftet op bagfra af en usynlig kraft.

Jeg blev ført højere og højere op. Jeg sukkede af glæde og lettelse. Kraften førte mig op i himlen.

Drømmen var en stor trøst. Jeg var i en vanskelig periode.

*

Jeg fik at vide, at jeg skulle gå rundt i al stilhed blandt mennesker og gøre godt; både mod syndere og ikke-syndere.

Det bliver svært med *i al stilhed*. Det er desværre ikke noget der falder mig let. Men det er vel derfor, at jeg får opgaven.

*

Jeg omfavnede en slank ung pige. Oplevelsen var overjordisk. En slags sammensmeltning. Jeg følte at vi hverken var pige eller dreng. Vi var EN, men var alligevel to. Var det mon en forsmag på forening af hjælper og elev?

Jeg blev trøstet i en svær periode.

*

Jeg fik at vide, jeg skal stå som en søjle af ro i en forvirret verden.

Jeg føler jeg har styrken, men jeg skal fortsat øve mig i en rolig fremtræden.

*

Ydmyghedens port er meget smal. En pige instruerede mig. Jeg skulle hele tiden holde presset, så ville jeg forme mig efter porten. Hun fortæller mig, at al konkurrence skal fjernes fra mit sind.

Når mine hjælpere fremsætter sådanne krav, har de forhåbentlig tiltro til at det engang skal lykkes.

*

Jeg fortæller, at jeg snart rejser på en speciel måde. Jeg vil så være over det hele.

Snart? Over det hele? Jeg må vente og se.

*

Min ældste søn forstod ikke, hvorfor jeg praktiserede al den »oprydning«. Jeg sagde: »Den skønneste tilstand af alle, er, når man ikke længere eksisterer som et selvstændigt individ, men som en del af ALT & ALLE.« Jeg var selv grebet af situationen.

Hele maj måned 1995 drømte jeg »oprydningsdrømme« (fri af fortiden).

De næste par år drømmer jeg næsten hver nat en indholdsrig drøm. Kære læser, det skal jeg undlade at trætte dig med, men i stedet forsøge at fremdrage essensen.

Drømmene fastholder mig først og fremmest i min opgave *at tolerere.*

Drømmene fortæller mig også at formålet med *at tolerere* er frigørelse fra denne verden.

Drømmene hjælper mig også med at leve i denne verden uden at være en del af den.

KAPITEL 4

Min filosofi

Ifølge traditionen er Pythagoras ophavsmand til ordet *filosofi*. Han beskrev det som *kærlighed til visdom*. For Pythagoras og de andre gamle græske filosoffer, var en ægte filosof et menneske, som havde erhvervet den universelle indre lykke. Denne opfattelse kan jeg fuldstændig tilslutte mig.

Hvordan stemmer denne definition så overens med den filosofi, som der undervises i på vores universiteter?

Begge former for filosofi søger svar på livets store spørgsmål, men det er, som jeg ser det, også det eneste de har til fælles.

Den filosofi, som du kan studere på universiteterne, foregår mest på det mentale plan, medens *kærlighed til visdom* har frigjort sig fra det mentale plan og boltrer sig på det spirituelle plan.

Når et menneske, der har taget en universitetsgrad i filosofi, selv betegner sig som *filosof*, synes jeg, at han tager munden for fuld. Der findes mange filosofiprofessorer, men få filosoffer.

En sand filosof er et menneske, som betræder visdommens sti, og praktiserer *tidløs visdom*. Dette er beskrevet usandsynligt smukt af en visdomsmester i »Den Indviede« bind 3, side 11:

»De, der betræder kærlighedens sti, lider, når deres elskede tages fra dem. De, der betræder magtens sti, lider, når de kommer ud for modstand. Men de, der betræder

visdommens sti, finder fred, for visdom kan ikke fratages dem. Når visdommen er blevet så stor, at den synker ned i underbevidstheden og herfra vælder op i bevidstheden igen, gør den immun over for sorg; for dens lys har da fordrevet ethvert mørke fra bevidstheden«.

Martinus skriver, at man først er et rigtigt menneske, når man er i stand til at virkeliggøre næstekærlighedsprincippet til fulde, d.v.s. at næstens lykke kommer før ens egen lykke. Det kan man vist kalde en ægte filosof.

Min filosofi voksede langsomt frem gennem næsten 20 år. Men jeg havde ikke forsøgt at formulere den på skrift. Derfor oplevede jeg en kolossal lykke, da jeg i en drøm modtog en perfekt beskrivelse af min filosofi. Jeg var naturligvis helt euforisk i flere dage.

En klog mand spørger mig: »Hvad er ånd«? Jeg siger: »Det må du da vide, mange regner dig for klog«. Manden insisterede på, at jeg fortæller det: »Ånd er en dyb, dyb erkendelse af, at du er DEN DU ER. Du er en enestående dråbe i det store kosmiske hav. Du er på en lang, lang vandring på vej til større og større fuldkommenhed. Mestrene og vismændene har vist, at det kan lykkes. Alle er på vej. Du kan ikke forstå andre. Det gør ikke noget. Men du har pligt til at udvise en yderst tolerant holdning. Det nytter ikke at pive. Du må gå vejen og lære at mestre dig selv.«

Denne drøm er central for hele denne bog. Den løber som en rød tråd igennem det hele, og den vil blive uddybet i flere af de resterende kapitler.

Nu vil jeg, til en start, give en kortfattet introduktion til hvert enkelt element af drømmen:

DEN DU ER:

Det kan måske hjælpe at begynde med at overveje, hvem *du ikke er*. Barnemennesket* vil opleve sig selv som maskinarbejder Poul Hansen eller advokat Ida Pedersen, hvilket er helt naturligt. De identificerer sig med deres *personlige jeg*. Men bagved det personlige jeg, er der noget andet: Der er det *åndelige jeg*. Du vil først opleve dit åndelige jeg, når du oplever, at det personlige jeg er et redskab, som du kan udtrykke dit åndelige jeg igennem.

Det er en lang modningsproces gennem oceaner af tid. Oplevelsen kommer, når tiden er moden. Ofte giver religionerne ikke meget hjælp, da de er blevet påvirket af menneskelige begrænsninger; men det er en god idé at blive i dem, så længe det føles rigtigt.

*

Du er en enestående dråbe i det store kosmiske hav:

Der er ikke to dråber der er ens. Alle er unikke. Når du har frigjort dig fra barnemenneskene, og oplever dig selv som et sandkorn i ørkenen, kan du uden besvær træde ind i forskellige verdener. Du kan blive i den enkelte verden så lang tid du har lyst, træde ind i en ny, samtidig med at du hele tiden er bevidst om, at du er absolut fri.

*

---

*Hermann Hesse anvender i sin bog »Siddharta« betegnelsen *barnemennesker* for de mennesker, som har *tryghed* (familie, arbejde, traditioner, position i samfundet m.m.) som livsgrundlag.

Du er på en lang, lang vandring:

Hvor lang en vandring? Det er vist umuligt for os at forstå med tænkeevnen (jeg kan i hvert fald ikke), så jeg vil forsøge med billeder.

I »Siddharta« beskriver Hermann Hesse floden, som starter med mange små kilder, der samles til en rivende strøm, som bliver mere og mere voldsom. Den bliver efterhånden bredere og roligere for til sidst at forenes med havet.

Martinus skriver, at vi har slumret i stenen, fortsat i plantelivet, kæmpet i dyreverdenen, gjort erfaringer som menneske med dyriske egenskaber, for »til sidst« at blive et rigtigt menneske, som praktiserer næstekærlighed.

*

På vej til større og større fuldkommenhed:

Jeg oplever, at det er meget vigtigt at slå fast, at vi alle er fuldkomne hvad enten vi er en ung eller en gammel sjæl. Eleven i 3. klasse er ligeså fuldkommen som eleven i 9. klasse. De har bare startet »skolen« på forskelligt tidspunkt. Jeg er sikker på, at GUD elsker æbleblomsten lige så meget som æblet.

Det er imidlertid ikke altid lige let at se det guddommelige i alle mennesker, men jeg øver mig, og jeg fornemmer trods alt små fremskridt.

*

Mestrene og vismændene:

Hvem er mestrene? De er vores ældre brødre. De er for længst færdige med »skolen«. Nogle går måske på »universitetet«, andre er måske »professorer«.

Prøv at lade være med at se op til mestrene, de begyndte bare »skolen« længe før os. Hvis du har for vane at se *op* til nogen, vil du måske, uden at vide det, se *ned* på andre.

Mestrene har et stort ønske om at hjælpe, men en »professor« underviser ikke i »folkeskolen«. Du får måske først kontakten når du kommer på »universitetet«.

*

Har vist at det kan lykkes:

Mestrene har ved hårdt arbejde, gennem oceaner af tid, frigjort sig fra denne verden. Lad det være en inspiration. Du kan også gøre det.

Et sted i bibelen siger Jesus:

»En dag vil I kunne gøre endnu større undere end mig.«

*

Alle er på vej:

Det udtrykkes meget smukt i bibelen (i Paulus' brev til Timothius):

»Gud vil at alle skal frelses og komme til sandheds erkendelse.«

*

Du skal ikke forstå, du skal tolerere:

Der er et berømt Sokrates-citat, som er inde på noget af det samme:

»Det eneste jeg véd, er at jeg ikke véd noget.«

I den sætning udtrykker Sokrates en smuk ydmyghed overfor »livets store mysterium«. Mennesker vil så gerne vide og forstå, og derigennem føle en form for tryghed og sikkerhed. Men kan vi vide? Kan vi forstå?

Hvis du prøver at forstå et andet menneske, kan du kun forstå med din egen opfattelse af livet. Du tilpasser det andet menneske til din egen begrænsning. *Du tror du forstår.* Hvis du derimod har givet slip på dine begrænsninger, er det eneste du forstår, *at dit medmenneske er på vej.* Den sidstnævnte »forståelse« indebærer også, at du heller ikke kan stille dig til dommer over andre menneskers måde at leve på. Men du kan øve dig i at tolerere.

*

Ikke pive, men lære at mestre dig selv:

I det hårde arbejde med at lære sig selv at kende, er der selvfølgelig perioder med fortvivlelse, afmagt, selvmedlidenhed, navlepilleri m.m. Det er helt naturligt. Men vil du mestre dig selv, er der ingen vej udenom. Alle dine skjulte sider må frem til overfladen.

*

Jeg vil her kort forsøge at beskrive et menneske, som er i stand til at mestre sig selv:

En mester mestrer sig selv til næsten fuldkommenhed. Han kender alle sine svage sider. Han har et stort ønske om at hjælpe. Han er en levende fremtoning, som synes mere guddommelig end menneskelig. Mesteren rummer som en selvfølge en stadig følelse af ubetinget lykke og kærlighed, forenet med den højeste visdom og kraft. Han praktiserer *tidløs visdom*.

Selvom dette lyder som en nærmest perfekt tilstand, er det vigtigt at pointere, at mesteren også *er på vej*. Der er hele tiden muligheder for udvikling.

Mit arbejde er 24 timer i døgnet at leve i pagt med min filosofi. Det bliver lettere og lettere. Modstanden fra mine omgivelser, fordi jeg *ikke er normal,* har jeg det efterhånden fint med. Ensomheden bliver mere og mere afløst af en følelse af forbundethed med alle levende væsener.

KAPITEL 5

Den mørke side

Vi mennesker er sammensatte – vi har mange sider i os. Vi har også *mørke sider* i os – i større eller mindre grad. Vores valg i livet vil sommetider være præget af de mørke sider. Nogle gange kommer det mørke for eksempel frem i os, hvis vi bliver udsat for et stort pres.

Når de mørke sider tager overhånd, vil et menneskes handlinger være præget af at fremme sine egne interesser på bekostning af andre. Han vil kun se verden fra sit eget perspektiv, og skyr ingen midler for at nå sine egne *egoistiske* mål.

Hvis den mørke side ligefrem begynder at blive den dominerende side hos et menneske, kan man tale om, at det menneske gør erfaringer på *den sorte bane.*

Jeg tror, at alle mennesker på den ene eller anden måde søger lykken. For eksempel er der nogle mennesker, der udelukkende søger lykken gennem *magt.* De mennesker, der søger lykken gennem magt, vil ofte opleve, at de ikke føler sig lykkelige, selvom noget er lykkedes for dem. De vil stile efter mere lykke, og da de kun kender én opskrift på lykke, vil de stile efter mere magt. Denne onde cirkel vil først slutte, når det enkelte menneske bliver mæt af magten, og de begynder at angre. De opdager, at deres ønske om magt, var på bekostning af andre.

Den sorte bane er således dér hvor magten og egoismen udspiller sig. Det er dér hvor mennesket udtrykker sin mest egoistiske og magtbegærlige side, uden tanke på hvordan det påvirker næsten. Det er det som mange i daglig tale vil benævne som *ondskab* eller *det onde*.

Jeg vil nu indkredse min definition af det onde til følgende:

Det onde er de mennesker, der søger lykken gennem magt, eller som drikker af egoismens bæger.

Eller med andre ord:

Det onde er de mennesker, der for tiden gør erfaringer på den sorte bane.

Fremover vil jeg af praktiske grunde bruge betegnelsen *sb´ere* (sb for sort bane) om disse mennesker.

Jeg er godt klar over, at livet ikke er sort-hvidt, og at der er tusinder af nuancer. I virkeligheden er det måske rigtigere at tale om mørkegråt og lysegråt. Men for at gøre det jeg vil sige klart og tydeligt, er jeg nødt til at foretage en forenkling, og bruger derfor betegnelsen sb´er.

Når et menneske vælger at blive sb´er, er der yderst sjældent tale om et bevidst valg. De fleste mennesker vil, når livet gør ondt, ofte vælge den lette løsning, hvilket er den løsning, som umiddelbart tilfredsstiller de egoistiske følelser. Dette kan være starten på en løbebane som sb´er.

Hvor lang tid vil de så opholde sig på den sorte bane? Det har jeg ikke noget kvalificeret bud på, men jo længere tid, des sværere er det at forlade egoismens vej. En skønne dag bliver smerten som sb´er for stor, mæthedsfølelsen indtræffer og sulten efter menneskelig varme indfinder sig.

Hvor mange gange? Det afhænger i høj grad af hvor meget den enkelte lærer ved hvert besøg på den sorte bane. Idéen med at boltre sig på den sorte bane, er at de mørke sider renses ud, hvilket kun kan gøres gennem modstand. Der er masser af mennesker, der tror de er kærlige mennesker, hvad de sikkert også er, men de kender ikke deres mørke sider, fordi de er skjulte. Når mennesket så kommer under pres, kan nogle mørke sider komme op til overfladen til stor overraskelse for både én selv og omgivelserne.

Det kan ikke siges tydeligt nok: Vi skal alle gøre erfaringer på den sorte bane. Det er en del af vores udvikling. Vær forvisset om at mestrene også har gjort erfaringer på den sorte bane, og har drukket egoismens bæger helt til bunds.

Martinus siger: *»Det onde er midlertidigt fravær af det gode.«*

Filosoffen siger: *»Der findes ikke ondskab, kun uvidenhed.«*

Jesus siger om sine bødler: *»Tilgiv dem thi de véd ikke hvad de gør.«*

Vismanden sætter sig ned ved den rivende flod og er klar over, at den længere nede bliver rolig og til sidst flyder sammen med havet.

Nu kommer jeg med en tilsyneladende underlig udtalelse:
   Vi skal være glade for sb'erne!

Uden dem ville vi ikke få den fornødne modstand, så vi kunne udvikle os. Døm ikke en sb'er! Han er ligeså meget Guds barn som du er! Solen skinner på syndere såvel som på ikke-syndere.

I det følgende vil jeg beskæftige mig med, hvordan vi kan forholde os, når vi møder en sb'er på vores vej.

Når vi møder en sb´er, er vi sjældent klar over hvad vi står overfor. En sb´er kan have både positive og charmerende sider, og han har oftest selv ingen idé om, at han er sb´er. Han synes selv, at han er både dygtig, klog og smuk. Han elsker at høre sig selv tale. Han er i illusionernes vold. Han skader sine omgivelser, men ænser det ikke, da han er dybt optaget af sin egen dygtighed, fremgang og vinding.

En naiv sjæl vil ofte lade sig forføre, og vil på den måde blive et dejligt legetøj for sb´eren.

Den modne sjæl véd, når han står over for en sb´er. Han har respekt for den måde hvorpå sb´eren mere eller mindre bevidst har valgt at leve sit liv. Den modne sjæl vil *tolerere*. Ved at tolerere, bliver han ikke viklet ind i sb´erens edderkoppespind, og han giver ham mulighed for at leve det liv, han nu engang har valgt at leve. Det giver sb´eren en lille mulighed for at opdage, at det ikke er alle mennesker, som han kan manipulere med. Det kan måske give ham en ny oplevelse.

Jeg kan kun se 2 måder *at tolerere* på: Forlade situationen eller forholde sig tavs. Hvis du vælger at forlade situationen, er det yderst vigtigt, at du gør det roligt og med omtanke, så det ikke har karakter af flugt. Hvis du flygter, vil sb´eren simpelthen nyde sin magt. Hvis du derimod vælger tavshed, er det her vigtigt, at du er tavs på en måde, som udstråler ro, styrke og positivitet. Et lille smil, uden den mindste dom, vil også være fint.

Jeg havde en lille drøm, som handler om tolerance og tavshed:

Jeg mødte nogle af mine åndelige brødre; de var svære at få øje på i mængden. De ville give mig et speciale. Det skulle være noget med stål. Jeg agerede fægtning. Én mente, at fægtning ikke kunne stille noget op mod tunge, larmende krigsmaskiner.

Jeg tænkte, at styrken lå i stilheden. En broder sagde, at hvis jeg ville sige, hvad jeg tænkte, skulle jeg sige det stille og roligt.

Denne drøm bekræfter endnu engang, at jeg skal lære at leve i ubemærkethed. Men hvor er det svært, da jeg astrologisk set er dobbeltløve.

I »Åndernes hus« af Isabel Allende er der et fint eksempel på hvordan en moden sjæl forholder sig til en vaskeægte sb´er:

Esteban (godsejer, konservativ politiker) mister besindelsen over for sin kone Clara og langer hende et nævestød lige i ansigtet, så hun bliver slynget ind mod væggen. Efter denne episode talte Clara aldrig nogen sinde mere til sin mand. Clara rejste ind til byen. Hun blev ved med at elske sin mand; men hun vidste, at der var mange voldsomme sider han selv skulle udleve. Esteban kom jævnligt hos Clara og blev, efter en masse nederlag, med årene mere blid. Clara døde først, og da Esteban var mæt af »den sorte bane« og døden nærmede sig, kom Clara i sit åndelige legeme og hjalp ham over på »den anden side«.

Ved at tolerere, hjalp Clara Esteban væk fra den sorte bane.

Hvordan vil den umodne (unge) sjæl forholde sig til en sb´er?

Den unge sjæl vil meget ofte først se faresignalerne, efter at han i lang tid har danset efter sb´erens pibe. Han har mest set de charmerende sider og har ved sin naivitet været med til at skabe en større og større tyran. Han er stille og roligt blevet viklet ind i sb´erens edderkoppespind.

Jeg vil nu forsøge at betragte problemet i et tidsperspektiv, som er større end et enkelt liv. Ja – vi taler om reinkarnation. Hvis du vil læse videre, vil jeg foreslå, at du i det mindste ikke afviser tanken. Den unge sjæl har i sit møde med en sb´er en mulighed for at gøre erfaringer, så han gennem modstand og lidelse kan vokse, og efterhånden blive en moden sjæl.

Det kan også være, at han vælger at tage kampen op med sb´eren, og måske selv starter en løbebane som sb´er. Det er også fint og godt; han skal jo også selv på et tidspunkt i sin åndelige udvikling gøre erfaringer på den sorte bane.

Til sidst i kapitlet vil jeg nævne et ekstremt eksempel, som viser hvor svært det er at vide, at man står overfor en sb´er. Hitler, som vi kan betegne som en »sort« mester, var i stand til at forføre et helt folk og sætte hele verdenen i brand. Der var mange, der så ham som den nye messias, og mon ikke det også var sådan han så sig selv.

Ifølge mine erfaringer, er *det onde* noget, som vi alle skal stifte bekendtskab med, både som sb´er og som offer. Gennem modstand får vi mulighed for at vokse som mennesker.

Men husk ikke at dømme: *Vi er alle guds børn.*

KAPITEL 6

Mine møder med sb´eren

»Vi frastøder dem, der ikke kan lære noget af os, og tiltræk-
ker dem, der kan, og fra hvem vi også har noget at lære.«
Richard Bach: Illusioner

Jeg har mødt mange forskellige mennesker i mit liv. For
eksempel gennem min »familie«, gennem erhvervslivet,
gennem musikverdenen og gennem »åndeligt« søgende
mennesker. Det er selvfølgelig ikke underligt, at jeg på
min vej har mødt mange sb´ere. Selv om mødet tit har
været svært, har jeg lært en masse, og det er jeg yderst
taknemmelig for.

Jeg har lært at nære dyb respekt for andres valg i livet.
Jeg er holdt op med at prøve at forstå deres valg, hvilket
er en stor befrielse. Jeg kommer videre i mit liv, ligesom
mit medmenneske kommer videre i sit liv.

Jeg har meget ofte oplevet en stor indre frihed, når
en sb´er har ladet sin afmagt og vrede gå ud over mig.
Somme tider er det blevet for meget, og jeg vælger at
forlade scenen. Så forsøger jeg at trække mig tilbage på
en måde, så det ikke har karakter af flugt. Efterfølgende
bliver jeg nogle gange bebrejdet, at jeg gik. Det er jo
aldrig sb´erens fejl!

Jeg har også lært, at dybt nede i en sb´er gemmer der
sig en lille såret dreng eller pige. Sb´eren har imidlertid
endnu ikke styrken til at vise sin sårbarhed, og gør sig
derfor ofte hård.

At finde ind bag den barske overflade hos en sb´er er praktisk taget umuligt. Min erfaring siger mig, at en stor ulykke, lidelse eller smerte måske kan blødgøre skallen en lille smule. Det er imidlertid ikke *min* opgave. Det må Forsynet klare.

I enkelte tilfælde har jeg valgt at konfrontere sb´eren med hans lidet flatterende gerninger. Jeg har følt, at det var yderst vigtigt at gøre det på en velovervejet måde, fordi sb´eren i virkeligheden er sårbar. Men kendsgerningen er, at der ikke er kommet noget konstruktivt ud af det, fordi sb´eren har taget det som kritik, og derfor har lukket af.

Jeg har for mange år siden oplevet at blive drevet godt og grundigt rundt i manegen af en sb´er. Manipulationen var i top. Min angst voksede. Den magt, som sb´eren havde haft over mig, blev til sidst brudt, da det var *min* beslutning at forlade scenen. Jeg bærer intet nag; jeg elsker stadig dette menneske.

Jeg har sågar mødt en vaskeægte sb´er, som var så ærlig, at han sagde, han kun havde det godt, når han var den styrende part i et samvær. Han havde det ubehageligt i mit selskab, da han ikke kunne håndtere, at vi var ligemænd. Men jeg må tage hatten af for hans ærlighed. Vi ses selvfølgelig ikke mere, da han åbenbart ikke kunne håndtere et ligeværdigt samvær. Vi kunne dog begge mærke, at der var en hel del gensidig sympati. Som kuriosum kan jeg nævne, at han er et højt rangeret medlem af en frimurerloge.

Som ung ingeniør havde jeg en chef, som i en brandert betroede mig, at han nød at have magt overfor sine underordnede. Han brugte billedet, *at de stod med bukserne nede om haserne.*

Jeg har haft mange oplevelser, hvor en sb´er har skabt en atmosfære af tillid, og naiv som jeg var, betroede jeg mig til ham, hvilket gav ham en mulighed for senere at ydmyge mig. Det var tydeligt, at sb´eren virkelig nød sin magt.

Med årene er jeg blevet meget bedre til at tænke mig om før jeg taler, og så i øvrigt »tie stille«. Kejser Marcus Aurelius siger det så strålende i »tanker til sig selv«:

»Hvorfor denne iver med at komme til orde. Du ved hvad du vil sige, og de andre er ikke interesseret.«

I min biologiske familie er der også sb´ere. Gudskelov for det. Det har simpelthen gjort det rimeligt let for mig, at frigøre mig fra familien, hvilket jeg føler, er en del af min skæbne. Familien har en bestemt idé om hvem jeg er. I min søgen efter de dybe sandheder bliver familien usikker, og prøver i første omgang at tvinge mig tilbage i den kasse, hvor de plejer at opbevare mig. Når de opdager, at de ikke kan fastholde mig derinde, bliver de usikre. Måden de viser denne usikkerhed på, er ikke særlig charmerende.

Jeg er startet på min bevidste åndelige rejse, og den må jeg fortsætte med. Mit arbejde med at frigøre mig fra denne verden, kan jeg ikke stoppe.

Vi kan finde mange små sb´ere som formænd i sportsforeninger, boligforeninger, o.s.v. Her har de mulighed for at nyde deres magt. Det er selvfølgelig ikke alle formænd, der er sb´ere, men vær opmærksom. Jeg har været bestyrelsesmedlem i en forening med en magtfuld formand og en masse medløbere. Jeg havde valgt mellem medløber eller magtkamp. Ingen af mulighederne tiltalte mig. Jeg tolererede, og forlod scenen. Det inspirerede mig til at eksperimentere med en anden ledelsesstil.

Jeg er bestyrelsesmedlem i en ejerforening. Vi har ændret vedtægterne, så vi ikke behøver en formand. Vi er 3 ligestillede medlemmer; det virker fortræffeligt.

Da jeg forlod erhvervslivet, og begyndte at assistere i Radiosymfoniorkestret og Sjælland´s Symfoniorkester glædede jeg mig til at møde »store musikalske sjæle«. Men på mange måder nåede de ikke folkene i erhvervslivet til sokkeholderne, rent menneskeligt. Der var en kolossal konkurrence musikerne imellem, både indenfor hver instrument-gruppe, samt instrument-grupperne imellem. Det var meget normalt, at assistenter havde svært ved at blive accepteret, men jeg følte en dejlig frihed, da min primære opgave i den periode var at producere cellostrenge. I orkestrene stod jeg mere på sidelinien som tilskuer, og betragtede magtkampene.

Jeg har såmænd også prøvet at blive fyret, fordi jeg ikke ville hoppe og danse efter en vaskeægte sb´ers pibe. Jeg havde produceret cellostrenge hjemme i ca. 15 år. Hver anden uge afleverede jeg min produktion til firmaet. Vi var omkring 12 medarbejdere. Vi var én stor familie. Der blev taget individuelle hensyn. Jeg arbejdede f.eks. på halv tid.

Stifteren af firmaet døde, og næste generation tog over. Den dejlige stemning i firmaet forsvandt. Nu var det pludselig direktør kontra ansatte. Det nyttede ikke at tale om det; direktøren blev usikker over for mig og fyrede mig.

Da jeg modtog brevet, fik jeg et kæmpe chok, men inderst inde vidste jeg, at det var nu, at jeg skulle videre med mit liv på en anden måde. Sb´eren havde simpelthen – uden at vide det – givet mig en ny start på livet.

Et par år efter sendte jeg et brev, hvori jeg fortalte, at alt var såre godt. Jeg sagde ikke tak, selv om jeg mente det; det kunne måske opfattes som en provokation, og det var ikke meningen. Flere år efter mødte vi hinanden tilfældigt. Vi kunne smile til hinanden. Det var en dejlig oplevelse.

Et fjernt familiemedlem brugte mig i adskillige år som »lynafleder« (jeg lyttede til beklagelser). Jeg øvede mig i at tolerere og lytte. En dag dristede jeg mig til at sige, at der også var andre i hendes familie, som havde det vanskeligt. Siden den dag var jeg ikke mere hendes fortrolige. Jeg lærte, at sb´ere kun ønsker at høre sig selv tale, hvilket jeg selvfølgelig har fået bekræftet et utal af gange. Jeg kender en person, som elsker at holde foredrag om sig selv: »Så gør jeg det jeg bedst kan lide af alt: at tale om mig selv.« Prisværdig ærlighed!

Jeg har også oplevet at blive beskyldt for sladder, selv om sandheden var den stik modsatte. Jeg vidste hvem der havde startet sladderen, men undlod at sige det. Det var en ualmindelig svær beslutning, da jeg også mistede en ven. På den måde opdagede jeg, at der ikke her var tale om en rigtig ven. Jeg var glad for, at jeg var tro mod min opgave (at tolerere) – det er trods alt selvrespekten, der er det vigtigste. Jeg lærte mere og mere at leve med afmagten. Men der er meget langt igen, før jeg kan sige som Frans af Assisi: *»Velkommen broder afmagt.«*

Min kontakt til diverse sb´ere har lært mig, at der altid er en handling forbundet med *at tolerere.* Hvis jeg for eksempel i en situation vælger tavshed, så er det noget jeg *aktivt* beslutter, og på den måde ligger der en *handling* bag. Der er en stor styrke bag tavshed, hvis det er en bevidst valgt tavshed. I den form for tavshed ligger der en dyb respekt for det andet menneske.

Det er meget vigtigt, at sb´eren erfarer min tolerance. Han gør jo bare erfaringer på den sorte bane.

KAPITEL 7

At være søgende

Det kapitel, som du nu skal til at læse, handler om at være et søgende menneske, og hvor svært dette kan være, og kapitlet handler også om hvor meget sjælelig modenhed det egentlig kræver at kunne forlade »kassen«.

Hvad er »*kassen*«?

»Kassen« repræsenterer hele dit *personlige* liv.

»Kassen« indeholder din tro, dit politiske ståsted, din biologiske familie, din profession, din nationalitet, dine meninger.

Jeg vil nu anvende det billede, at langt de fleste mennesker lever inde i en »kasse«, fordi *tryghed* er et meget vigtigt element i deres livsgrundlag.

Der kommer en tid, hvor du begynder at fornemme, at livet i »kassen« bliver for trangt. Der opstår *en begyndende følelse af mæthed*. Du begynder *at søge*, og du begynder at stille dig selv følgende essentielle spørgsmål:

> *Hvem er jeg?*
> *Hvor kommer jeg fra?*
> *Hvor skal jeg hen?*

H.C. Andersen beskriver i eventyret »Klokken« meget smukt den begyndende længsel efter et andet livsgrundlag. For eksempel skriver han et sted om klokken: »… klang forunderlig stærkt den store ubekendte klokke …«

»Klokken« *er sjælen, der kalder på dig*, og lyden kommer fra et sted udenfor »kassen«.

Nu begynder *den lange vandring* væk fra barnemenneskenes begrænsende tryghed. Det er en vandring, som vil føre dig tilbage til dit *åndelige* jeg, som er dit *egentlige* jeg.

Du skal på denne vandring samle en masse erfaringer, som kun livet kan give dig, så du efterhånden kan fremstå som en moden sjæl.

Du har allerede samlet en masse erfaringer inde i »kassen«, men de kommende erfaringer, som du skal til at samle, har det formål, at du efterhånden bliver helt mæt af livet i »kassen«.

Du vil sikkert undervejs mange gange forlade »kassen«, for derefter at skynde dig tilbage, da du endnu ikke har det fornødne mod til helt at forlade barnemenneskenes trygge rammer.

Der er ikke to sjæles vandringer, der er ens. Det er meget forskelligt, hvad det er for nogle erfaringer, det enkelte menneske indsamler for at kunne komme videre i sin åndelige udvikling.

Jeg vil nu beskrive nogle af de erfaringer, som en søgende sjæl kan blive udsat for.

Jeg vil understrege, at det er et helt igennem fiktivt eksempel:

Du har hørt »klokken«, du har hørt sjælen kalde på dig, og du er begyndt at stille dig selv de essentielle spørgsmål. Men i mange liv vil din søgen være koncentreret inde i »kassen«. Det er dér, du er tryg. Dér har du måske allerede boltret dig i tusinde inkarnationer, og allerede udkæmpet en masse kampe.

Du har måske været engageret i politik, fordi du synes, at verden er uretfærdig. Du har måske i forskellige inkarnationer indtaget forskellige politiske ståsteder. Du har oplevet modstand fra andre politiske opfattelser. Den politiske kamp har modnet dig, men du indser nu, at du ikke er kommet tættere på »klokken«. Imidlertid har du indsamlet erfaringer til sjælen.

Du synes stadig, at verden er uretfærdig. Dine politiske erfaringer, som ligger dybt lagret i din underbevidsthed, inspirerer dig måske til at arbejde for retfærdighed uden for det politiske liv. Du bliver måske hjælpe-arbejder i Afrika. Men der kan ske det, at din godhed stiger dig til hovedet. Du misbruger din stilling. Det starter måske en karriere på den sorte bane. Alt er stadig såre godt, fordi du forhåbentlig lærer af dine fejl, men dine dårlige gerninger skaber selvfølgelig dårlig karma.

Nu er det på sin plads kort at fortælle noget om *karma:*

Karma-loven er en universel lov: »Som du sår, skal du høste!« Sagt på en anden måde: alt det du gør mod andre, får du tilbage igen. Vi skal for eksempel lære at føle, hvordan det er at være offer. På den måde lærer vi medfølelse. Tolererer du et andet menneske, får du også tolerance tilbage. Det er ikke sikkert, at tolerancen kommer fra det samme menneske. Men så vil den komme til dig fra et andet menneske.

Karma-loven skal ikke ses som en straffe-lov. Karma-loven er en dyb, universel lov, der giver dig mulighed for at vokse og blive en medfølende og moden sjæl.

Tilbage til eksemplet:

Du gør måske erfaringer på den sorte bane i mange liv.

En dag begynder du at angre. Nu kommer der liv, hvor du oplever lidelse, fordi du skal tilbagebetale en hel del dårlig karma. Lidelsen har måske den effekt, at du søger trøst og lindring, og så småt begynder at interessere dig for religion. Du begynder måske at besøge folkekirken, og i en periode finder du mening dér. På et tidspunkt opdager du, at folkekirken alligevel ikke helt tilfredsstiller din åndelige søgen.

Nu forsøger du dig med andre verdensreligioner, eller måske bliver du medlem af en religiøs sekt. Det kunne være Jehovas Vidner, Scientology, Pinsebevægelsen, Hara Krishna ... Mulighederne er mange.

Du er nu helt overbevist om, at du har fundet den endegyldige sandhed, og møder stor modstand fra omgivelserne. Du ser ikke, at du kun har fundet »den sandhed«, som passer bedst til dit *nuværende* udviklingstade.

Når du efterhånden føler, at de klassiske religioner m.m. ikke slukker din åndelige tørst, begynder kampen for et andet åndeligt fundament. Her er udbuddet særdeles stort, så hvor skal du begynde? Jeg nævner nogle få eksempler: New age, antroposofien, kosmologien, teosofien, spiritismen, okkultismen.

Du begynder nu at kaste dig ud i »den alternative verden«. Du bliver ivrig.

Endelig har du fundet *sandheden*. Du opsøger forskellige grupperinger. Du synes nu, at du har fået et gennembrud. Du erhverver nogle evner (teknikker) indenfor healing og clairvoyance. Du begynder at eksperimentere med psykiske fænomener. Det går strygende for dig; du begynder måske også at få klienter. Du er bare ikke klar over, at du på sjælsplan simpelthen endnu ikke er moden nok til at håndtere disse teknikker. Du er stadig alt for domineret af dine egne personlige følelser. Og du har ingen anelse om hvem eller hvad, som du får kontakt til fra den anden side.

Du får måske kontakt til en afdød sjæl, som synes, at det er fantastisk skægt at bilde dig ind, at du er udvalgt af gud. Du tror på det, fordi det er spændende, og fordi du – uden at vide det – er i besiddelse af en god portion åndeligt hovmod. Måske bliver du afhængig af kontakten. Du bliver drillet mere og mere. En sådan tilstand ender ofte på den psykiatriske afdeling. Lægerne er som regel magtesløse, da de ikke kender til den åndelige verden. Måske er du sindssyg i resten af den inkarnation!

At lege med psykiske fænomener har intet med åndelig udvikling at gøre, og kan være meget farligt!

Men i dit arbejde med at samle erfaringer til sjælen, er det måske også noget, som du skal stifte bekendtskab med.

Nu har du lagret nogle erfaringer i underbevidstheden, der fortæller dig, at åndelig udvikling er forbundet med en masse faldgruber.

Men du er stadig søgende og ilden brænder i dig. Du føler nu, at du har brug for at få støtte fra en anden person. Du leder efter en guru. Hvem skal du nu vælge som *guru?* Der er umådeligt mange at vælge imellem. Fælles for langt de fleste er imidlertid, at de ikke har den fornødne modenhed og indsigt. Mange vil fortælle, at de er clairvoyante. Men hvad vil det sige? De hævder, at de kan se din aura, hvad der sikkert i mange tilfælde er sandt. Den aura, som de kan se, er dit astrallegeme (følelser). De kan med andre ord kun se det, som du véd i forvejen. Så begynder deres tolkning af det, de ser. Nu er vi imidlertid ude på én stor glidebane. De blander, det de ser, sammen med deres egne skjulte sider af deres egen personlighed. Budskabet bliver desværre en sammenblanding af mange ting.

Det er selvfølgelig forståeligt, at du forsøger dig med mange forskellige guruer. Det er også forståeligt, at du ser op til de mennesker, som er astralt clairvoyante. Men den form for egenskaber (at være astralt clairvoyante) har de fleste dyr skam også, så kom bare ned på jorden.

Efterhånden bliver du bevidst om, at du skal vælge din guru med varsomhed.

Og i virkeligheden går det op for dig, at det ikke er en guru, som du søger. Du har indset, at du dybest set er din egen guru. Det, du søger nu, er snarere en ligeværdig sparringspartner, som kan støtte dig i din åndelige søgen.

Med de erfaringer, som du har nu, fornemmer du også, at du ikke kan fremprovokere noget, som du er ikke er parat til. Der er ingen genveje.

Du véd, at du er på en lang vandring, og du véd, at du er på vej.

Du er snart moden nok til at tage det afgørende skridt ud af »kassen«. Det afgørende skridt kræver imidlertid så meget *mod,* at hjælp udefra i langt de fleste tilfælde vil være nødvendigt. Livet udenfor »kassen« er skræmmende, fordi du ikke kan gemme dig bag en personlighed. Udenfor »kassen« vil du opleve stor modstand fra barnemenneskene, fordi du ikke passer ind i *deres* verdensbillede.

Kapitel 1 er et eksempel på hvilken form for hjælp, der måske kan være tale om.

Her slutter det fiktive eksempel med det søgende menneske, der er ved at indsamle erfaringer, og er ved at blive en moden sjæl.

Idéen med at skabe dette eksempel, har været følgende:

At forsøge at give dig et indtryk af den lange vandring – fra du fornemmer »klokken« til du efterhånden fremstår som en moden sjæl.

At vise, at arbejdet med at indsamle erfaringer ikke kan klares i én inkarnation. Der skal mange inkarnationer til.

At vise, at du ikke kan forcere din åndelige udvikling. Det er en lang proces, hvor du skal lære af dine fejltagelser.

At vise, at du bliver udsat for prøver. De fleste klarer du ikke, men det er helt i orden. Meningen er, at du lærer af dem.

*

Som afrunding på dette kapitel, vil jeg komme med to citater, som begge beskriver, at åndelig udvikling er *hårdt arbejde.*

Det første citat er fra Jeanne S. Morashi's lille skrift »Shamballa«:

»Åndelig udvikling er hård, bed ikke om den, før I har tænkt nøje over, hvad det indebærer, for det indebærer, at I før eller senere vil blive bedt om at udføre nøget, der kan koste jer jeres »gode« navn og jeres »venner«. Det indebærer, at I bliver forfulgt, at I bliver hængt ud i aviserne, at I kan blive smidt ud fra jeres arbejde, at I kan blive skilt fra jeres

ægtefælle samt meget mere. Jo højere indvielser I indehaver, jo mere modstand fra menneskene, for ikke at nævne modstand fra negative kræfter og fra deres udsendinge.«

Det andet citat er fra Raani Leena Luckanen's bog »Der er ingen død«:

»Hver og én får informationer, de er i stand til at modtage efter Deres evner. Først når menneskene har nået et bestemt udviklingsstadium, får de højere kundskaber, som det dog ikke er muligt direkte at dele med andre. Den åndelige kundskab skal man gøre sig fortjent til og arbejde på at tilegne sig. Den kan ikke gives til andre som gave.«

KAPITEL 8

Mine møder med den søgende

I det forrige kapitel gav jeg et indtryk af den søgendes lange rejse henimod en stadigt større sjælelig modenhed; en sjælelig modenhed, som er nødvendig før den søgende er i stand til at kunne forlade »kassen«.

I dette kapitel vil jeg fortælle om mine møder med mange forskellige søgende mennesker. De har næsten alle fundet en »sandhed«, som harmonerer med deres nuværende udviklingsstade. Jeg synes det her er vigtigt at pointere, at ligegyldigt hvor »langt« vi er kommet i vores åndelige udvikling, vil vi altid være på vej. De store visdomsmestre er også på vej.

I en periode af mit liv har jeg mødt mange mennesker fra *Jehovas Vidner.* Meget ofte dejlige mennesker, som finder tryghed i deres fællesskab. Jeg har haft mange samtaler med en ung kvinde, som frygteligt gerne ville forlade sekten. Det lykkedes ikke. Hun havde ikke den fornødne styrke, da hun vidste, at familien ville udstøde hende. De fleste mennesker vil dømme familien, men kvinden fik modstand, og dermed mulighed for udvikling.

Jeg har altid – håber jeg – taget venligt imod *Jehovas Vidner,* når de har ringet på min dør. Jeg ville gerne modtage deres besøg, men på én betingelse: De skulle lade deres bibler blive liggende i tasken, da jeg ikke var interesseret i deres bibeltolkning. Jeg ville gerne tale med dem, menneske til menneske. På den måde oplevede jeg meget ofte et ligeværdigt samvær.

Et ungt par kunne ikke forstå, hvorfor jeg ikke ville være medlem af *Jehovas Vidner*.

Jeg sagde, at jeg allerede var medlem af en forening. De blev nysgerrige. Jeg sagde, at jeg var medlem af *Helheden*, og at jeg ikke så nogen grund til at tilslutte mig en underafdeling. De havde ikke samme humor som jeg!

Jeg har ladet mig fortælle, at der findes mindst 35.000 trosretninger baseret på bibelen. De kan vel ikke alle sammen have patent på den »rigtige« fortolkning af bibelen. Sandheden er måske snarere, at ingen af dem har patent på »sandheden«.

Jeg forelagde dette synspunkt for 2 medlemmer af *Jehovas Vidner*. Jeg fik følgende svar: »Forskellen på dem og os er, at vi ikke fortolker, vi læser«. Sådan!

En anden sekt er *Scientology*. Jeg har mødt en mand, som blev medlem, og som efter nogle år erfarede, at der ikke var tale om udvikling, men snarere om hjernevask. Det blev en meget vanskelig proces, som han skulle igennem. Først skulle han forlige sig med den tanke, at det, som han havde troet var »sandheden«, bare var en teori. Dernæst skulle han kæmpe mod Scientology, som havde det mål at fastholde ham i sekten. Han vandt kampen, og fremstår nu som et dejligt modent menneske. Scientology hjalp ham, men næppe på den måde, som de havde ønsket.

Mange mennesker har behov for et åndeligt overhoved, som de kan tilbede. *Sai Baba* er et godt eksempel. Han har flere millioner tilhængere. Men noget tyder på, at han måske ikke er den store mester, som alle har troet på. (Der er noget der tyder på, at han har seksuelle lyster til drenge). Måske har den store tilbedelse fra masserne været for overvældende for *Sai Baba*. Dette pres har måske været så stort, at nogle af hans skjulte uudlevede sider er kommet for dagen. Hans såkaldte mirakler udeblev. Han måtte ty til tryllekunster.

Jeg *kender ikke sandheden* om Sai Baba. Der er ikke den mindste dom i mit sind. Jeg nævner ham udelukkende for at vise, hvor svært det er at være et søgende menneske, og hvor svært det er at finde en åndelig vejleder. Jeg kender mange, som har tilbedt ham i en menneskealder. Det har næsten været deres livsfundament. Tvivlen nager. Overvejelserne giver heldigvis – på den ene eller anden måde – erfaringer, så du kan vokse som menneske.

Jeg har selv prøvet at undervise i *tidløs visdom*. Jeg opdagede hurtigt, at deltagerne kun havde én ting til fælles – de misforstod mig – hver på deres måde. Det jeg fortalte, prøvede de at forstå, eller med andre ord, de forsøgte at tilpasse det, jeg sagde, til deres eget begrænsede verdensbillede. Det blev en kort optræden fra min side. De måtte gøre deres egne erfaringer.

For det søgende menneske er der mange faldgruber, som man kan falde ned i på sin vej. Det kan for eksempel gå galt, hvis man bliver for ivrig og vil forcere sin udvikling, samtidig med at ens psykiske konstitution i virkeligheden ikke er stærk nok til denne forceren.

Jeg har gennem årene mødt mange skræmmende eksempler på søgende mennesker, som på forskellig vis er faldet ned i nogle faldgruber:

En psykolog eksperimenterede med LSD. Det fremprovokerede en oplevelse af at være ét med universet. Denne oplevelse var han slet ikke i stand til at rumme.

Han var slet ikke mæt af livet som barnemenneske. Det skabte stor forvirring i hans sind.

En krystalhealer var clairaudiant. Hendes guide var fin og god i starten. Desværre for hende og for hendes klienter, havde hun blindt fulgt guidens råd. Det viste sig at være en drilleånd, som efterhånden kom med de mærkeligste råd. Krystalhealeren fik en psykose.

Den lidenskabelige bibellæser, som ville *eje* så lidt som muligt. Resultatet blev, at flere forskellige indre stemmer dirigerede hans liv. Når stemmerne var ubehagelige, sagde han, at det var fordi, at han blev prøvet af Gud. Han kom under psykiatrisk behandling. Han indvilligede kun i at tage medicin for at få fred fra psykiaterne. Han syntes ikke selv, at han fejlede noget.

Et følsomt menneske studerede drømme og drømmetydning. Det var så spændende, at drømmene styrede livet. Kritikløst at lade astralverdenen (drømmene) styre ens liv, er total mangel på skelneevne. Vi skal lære at stole på vores egen dømmekraft.

New age – mennesket, som fortalte om sit arbejde med at opnå sjælsbevisthed, samtidig med at vedkommende bagtalte et medmenneske. Hmm!

Den »alternative verden« er for nogle mennesker så spændende og tillokkende, at de »shopper« lidt rundt i den nærmest som et supermarked, og afprøver forskellige terapiformer, ja, næsten som en leg.

Jeg har for eksempel engang mødt et menneske, der gik i regression for sjov.

Han oplevede, at han for 500 år siden havde været en rigtig dum skid. Bagefter kunne han faktisk ikke rigtig bruge den oplevelse til noget. Det styrkede i hvert fald ikke hans selvtillid, men han kom måske mere ned på jorden.

Jeg er af den opfattelse, at *motivet* er vigtigt, hvis man vil gå i regression og få indblik i tidligere liv. Der er en mening med, at vi ikke umiddelbart kender vores tidligere inkarnationer. Hvis man vil gå i regression blot på grund af ren og skær nysgerrighed, er der måske ikke så meget idé i det.

Et andet (og lidt bizart) eksempel på én, der har beskæftiget sig med tidligere liv:

Jeg var lærervikar på en Rudolf Steiner skole. Jeg havde nogle elever ude på værkstedet. En pige ville ikke løfte en finger, fordi hun havde været prinsesse i sit forrige liv. Ups!

Jeg har også haft mange positive oplevelser med søgende mennesker. For eksempel har jeg en meget kær ven, som er en dygtig psykiater og politisk aktiv på venstre-fløjen – hun lever dybt engageret inde i »kassen«. Når vi er sammen, er vi »rigtig« sammen. Vi er nemlig sammen udenfor »kassen«. Når jeg forlader hende, skynder hun sig ind i »kassen« igen. Derinde, hvor barnemenneskereglerne findes, er der trygt og godt. Her på det sidste har hun mod til på egen hånd at stikke hovedet lidt ud.

Samtaler om åndelige emner holder jeg meget af. De bedste har jeg haft med *ateister*. Ja – du læste rigtigt. Mange ateister er meget søgende mennesker, og har været igennem overvejelser om livets store spørgsmål. Verdensreligionerne giver ikke svar. De skændes jo bare om »sandheden«. Ateisten kan heller ikke bruge forskellige sekter og trossamfund til noget. Han ser ingen mening i at støtte sig til den gængse form for religiøsitet. Samtalen med en ateist bliver dejligt fordomsfri, fordi mine ord ikke skal tilpasses ind i en bestemt tro. Som jeg ser det, er den ateist, som virkelig har reflekteret over livets store spørgsmål, et barnemenneske, som snart er mæt af livet i »kassen«. Det næste, der måske sker, er en indgriben udefra.

Livet udenfor »kasserne« er somme tider svært for mig. Jeg har *ikke* min egen »kasse« med meninger, fordomme, regler, illusioner m.m. Jeg er jo bare *en dråbe i havet*. Det kan være en stor hjælp for mig, at gå *på besøg* ind i et menneskes »kasse«, hvis der vel at mærke er menneske-varme derinde. I de fleste tilfælde nyder jeg bare varmen, men der kan i nogle tilfælde ske det vidunderlige, at vi er sammen udenfor »kassen«. Så er vi: sjæl sammen med sjæl.

Jeg oplever at alle mennesker er søgende. Vi er alle sammen nede i det fysiske, for at samle erfaringer til sjælen, men barnemennesket er ikke bevidst om det. Alligevel vil alle, på den ene eller anden måde, vokse stille og roligt, og gøre fremskridt til glæde for sig selv og hele menneskeheden.

KAPITEL 9

At hjælpe

Efter mit kosmiske glimt, forsvandt min interesse for barnemenneskeverdenen uden forudgående varsel. Familie, arbejde, position i samfundet m.m. skulle erstattes af noget andet. Men hvad skulle det være? Det var ikke nok at være *en dråbe i havet.*

At være afventende er en egenskab, som er fremmed for mig. Jeg handler, når der er problemer. Jeg besluttede, at jeg ville *hjælpe.* Men hvordan?

Jeg blev hurtigt klar over, at det ikke var en hjælp at dele min åbenbaring med andre. Jeg mødte kun afvisning. Det gjorde ondt, men de havde jo deres verden. De havde ikke den mindste lyst til at forlade den trygge »kasse«. Hvis jeg ville hjælpe, måtte det være dér, hvor mennesket var.

Jeg blev tilknyttet Sct. Nicolai-tjenesten i Helsingør. Aftenvagt én gang om ugen sammen med en anden, samt telefonvagt hele natten – hver anden uge – hvor telefonen blev stillet om til min private telefon. Jeg oplevede, at jeg endnu ikke var parat til kun at lytte. Jeg opdagede også, at mit motiv ikke kun var altruisme, men iblandet en del forfængelighed. Jeg ville gerne fremstå som et godt menneske i andres øjne. Jeg havde det ikke godt med mit grumsede motiv, og derfor forlod jeg Sct. Nicolai-tjenesten efter et halvt år.

Jeg lod mig ikke slå ud. Jeg fik kontakt til Finseninstituttet, hvor jeg skulle tale med syge og døende patienter.

Frederiksberg Hospital, hvor jeg skulle være besøgsven for patienter uden pårørende. Røde Kors, besøgsven i fængsler. Imidlertid lykkedes det ikke rigtigt at komme i gang – der dukkede hele tiden forhindringer op. Langt om længe indså jeg nødtvungent, *at det heller ikke var min vej.*

Jeg var stadig ikke slået helt ud. Nu ville jeg til at hjælpe psykisk syge! Min tanke var, at mange af patienterne havde kontakt til *det åndelige,* men ikke blev forstået af psykiaterne, som ikke anerkender den åndelige verden. Men dette forsøg blev også en stor fiasko.

Men nu skulle der åbenbart tales med *store bogstaver!*

Jeg forestiller mig, at mine åndelige hjælpere, som jeg på det tidspunkt endnu ikke havde haft kontakt med, holdt et møde, hvor de talte om hvor tykhovedet ham Hans var. Hvis jeg ikke kunne forstå den blide hjælp, så måtte der tages skrappere midler i brug.

Jeg mødte min anden kone. Vi havde et smukt ægteskab det første år. Hun ville frygteligt gerne tage del i mine åndelige interesser, men hendes måde at praktisere det på, fik mere og mere karakter af *leg* med åndelige fænomener. Det endte i en psykose.

De næste 3 år lærte jeg på den hårde måde, at jeg ikke kunne hjælpe psykisk syge mennesker. Det var nok de vanskeligste år i mit liv, men også de mest lærerige. Nu er jeg dybt taknemmelig for det. Langt om længe blev jeg med utrættelig hjælp fra mine åndelige hjælpere klar over, at *»nede hos jer kan I ikke hjælpe, I kan tolerere.«*

I de 3 år talte jeg med mange patienter på den psykiatriske afdeling. Jeg husker for eksempel nogle dejlige samtaler med en mand, som igennem adskillige år havde forsøgt at hjælpe sin kone ud af alkoholens svøbe. Han blev simpelthen drevet rundt i manegen, og mistede til sidst fuldstændigt fornuften. Konen fortsatte med at drikke, og han blev psykisk syg. Han hjalp hverken konen eller sig selv.

Mange misbrugere har fortalt mig, at de først er parate til at blive hjulpet, når de har nået bunden af »det sorte hul«. Dernede kan de så beslutte, at de vil starte den møjsommelige kamp med at stige op af hullet. Mit bidrag kan så være at stå på kanten af hullet, og række en hjælpende hånd ned til dem. Men pas på, at du ikke selv bliver trukket med ned i hullet.

Efter 4 års ægteskab kunne jeg ikke mere se en idé med at fortsætte samlivet, og vi blev skilt. Vi skulle begge videre med hver vores liv. Jeg lærte omsider, at det var naivt at tro, at jeg kunne hjælpe, og jeg kunne heller ikke hjælpe min kone. Jeg tror også, at hun lærte, at leg med psykiske kræfter kan være en stor glidebane, hvis man ikke samtidig har begge ben solidt plantet på jorden.

Jeg blev langt om længe klar over, at hvis jeg ville »hjælpe«, var der kun én måde:

VÆR DEN DU ER!

Det lyder umiddelbart enkelt. Men når jeg siger VÆR DEN DU ER, mener jer ikke personligheden. Jeg mener noget dybere. Jeg lærte for eksempel en masse af naturen. Jeg så på en rosenbusk. Jeg tror ikke jeg tager meget fejl, hvis jeg påstår, at rosenbusken har affundet sig med at være en rosenbusk, og for eksempel ikke stiler efter at blive et egetræ. Katten er sin egen, og den er ikke så tosset, at den styrer efter at blive en hund. Hvis rosenbusken og katten kan, kan jeg vel også!

Et menneske, der kunne *være sig selv,* var Forrest Gump. En vidunderlig film med Tom Hanks i hoved-rollen. Forrest Gump havde det store »held«, at han var udstyret med en lav IQ. De fleste mennesker vil umiddelbart synes, at det var synd for ham, men han havde den fordel, at han ikke tænkte over tingene. Han gjorde, hvad han umiddelbart følte, var rigtigt. Ved at *være den han var,* respekterede han samtidig alle andre skabninger. På den måde skaffede han sig masser af livslange venskaber. Hvis Forrest Gump kan, så kan jeg vel også!

Mit arbejde med at leve i kontakt med mit »sande jeg«, har givet mig nye muligheder og nye udfordringer. Det bliver fortsat lettere at få venner. Bagsiden af medaljen er at jeg får flere »fjender«. Men i begge tilfælde er der mulighed for *at hjælpe.*

Nu bliver jeg nok nødt til at forklare mig nærmere:

Et sandt venskab bygger på åbenhed og ærlighed. Det er ikke så enkelt som det lyder. Der skal stort mod til. Jeg kommer til at se bag vennens maske (personlighed), og møder nogle sider hos vennen, som han har gået og skjult for sig selv, og som han er flov over. Men måske endnu sværere: Jeg opdager igennem vores åbenhed skjulte sider hos mig selv, som jeg nødigt vil vise vennen. Hvis ven-skabet kan rumme, at vi erkender, at vi ikke er perfekte, kan der vokse et smukt venskab frem. Sande venner kan måske godmodigt drille hinanden med hinandens svage sider. Ydmygheden vil vokse.

Jeg hjælper mine venner ved at *være den jeg er.* Og mine

venner giver mig mulighed for at *være den jeg er*, hvilket er en stor glæde og befrielse for mig.

Hvorfor får jeg også flere »fjender«? Her taler jeg om barnemennesker. De søger trygheden, hvilket indebærer, at de frygteligt gerne vil placere mig i en »kasse«, allerhelst i deres egen, eller i en anden, adskilt fra dem, men veldefineret »kasse«. De bliver forvirrede, da jeg ikke vil ind i nogen »kasse«, og en naturlig reaktion kan være, at de synes, at jeg er en dum, overlegen skid. Det har de ret i, set ud fra deres synspunkt. Det kan jeg kun tolerere. Jeg lærer at leve med afmagten.

Jeg hjælper mine »fjender« ved at *være den jeg er,* og jeg får hjælp, fordi jeg får modstand, når jeg *er den jeg er.* Denne modstand giver mig voksende styrke.

Mine erfaringer med *at hjælpe* har lært mig at være yderst varsom, fordi jeg dybest set ikke kender baggrunden for de problemer, som et menneske står overfor. Den modgang, som et menneske møder, kan give muligheder for vækst; derfor ville jeg gøre skade, hvis jeg forsøgte at fjerne vækstbetingelserne.

»En meget vigtig betingelse for vækst er, at man selv skal kæmpe sig fri af de begrænsninger, som man af karmamæssige årsager dybest set har pålagt sig selv.
Asger Lorentzen.«

Jeg kan betro jer, at det er en virkelig stor befrielse langt om længe at have erfaret, at det ikke er mit ansvar hvordan mit medmenneske lever sit liv. Det giver mig mulighed for at forholde mig til mit medmenneskes kampe på en ny måde. Jeg ser hans mulighed for at vokse gennem modstand, og en medfølelse spirer frem i mig.

KAPITEL 10

At forstå

En bondemand går ud af sin mark. Han snubler over en tom flaske. Proppen er på. Det er en nysgerrig bondemand, så af med proppen. Ud kommer en stor Ånd: »Det var det bedste der kunne ske. Jeg har været indespærret i flere hundrede år. Som tak vil jeg opfylde et ønske.« Bondemanden, som var forvirret, ønskede en motorvej til Grønland. Ånden, som var ude af træning sagde: »Det er måske mere end jeg kan klare. Har du ikke et andet ønske?« Bondemanden havde imidlertid sundet sig oven på forskrækkelsen. Han ville da morderlig gerne kunne forstå kvinder! Ånden kom nu i et frygteligt dilemma. Efter lang tids overvejelser sagde han: »Denne motorvej, skal den være 2 – eller 3 sporet?«

Jeg har valgt at indlede dette kapitel med en vittighed. Dette har jeg gjort for at minde om, at åndelig udvikling og humor ikke er hinandens modsætninger. Tværtimod: Åndelig udvikling og humor går hånd i hånd.

Barnemennesket har et stort behov for *at forstå*. Det kræver ofte store anstrengelser, men resultatet står sjældent mål med anstrengelserne. De tror de forstår, men de har bare »forstået« det andet menneske, så det passer ind i deres egen »kasse«.

Den vise indianer siger:

»Du skal gå i din broders mokkasiner i et halvt år, for at forstå ham.«

Nu vil jeg filosofere over begrebet *at forstå:*

Jeg sendte kapitel 1 af denne bog til en god ven. Hun svarede, at det var spændende, men at hun skulle læse det flere gange. Hun ville *forstå.* Jeg svarede, at jeg syntes, at det var en dårlig idé – at prøve *at forstå* – men hun insisterede. Det var nu engang hendes metode.

Ved at prøve *at forstå,* mister hun, efter min mening, det umiddelbare. Hun forsøger at tilpasse min virkelighed ind i sin egen, eller med andre ord, hun oversætter mit kosmiske glimt til sit eget sprog. Til sidst tror hun, at hun *forstår* – det gør hende tryg. Men hun er bare offer for en illusion, hvilket der ikke er noget galt i. Hun er ikke mæt af livet i »kassen«, så det er en helt forståelig reaktion at hun tilpasser min oplevelse, så det passer ind i hendes egen begrebsverden.

Det svarer til, at du hører en vittighed. Hvis du ikke *forstår* den spontant, falder den helt til jorden, hvis den bliver forsøgt forklaret. Eller du siger undskyldende, at du ikke *forstår* klassisk musik. Den skal ikke *forstås* – den skal opleves.

En af mine venner har betroet mig, at han frygteligt gerne vil *forstå* andre mennesker. Jeg minder ham om, at han får uhyggeligt travlt. Der er over 6 milliarder mennesker, så det er bare om at komme i gang. Jeg stiller ham et andet forslag. Han kan starte med sig selv. Hvis han lytter til mit råd, og går i gang med at prøve *at forstå* sig selv, er der en mulighed for, at han hen ad vejen oplever, at han ikke kommer i gang med de 6 milliarder. Opgaven med *at forstå* sig selv er simpelthen for omfattende.

Hvorfor er det så omfattende? Det kommer selvfølgelig an på hvilken opgave vi stiller os selv. Barnemennesket lever det personlige liv inde i den trygge »kasse«, og vil naturligvis prøve *at forstå* ud fra sine egne forudsætninger, hvilket er helt naturligt. Men jeg oplever mennesket på en helt anden måde!

Nu vil jeg gøre brug af begrebet *personlighed*, som jeg opfatter det. Personlighed kommer fra *persona* (græsk og betyder *maske*). Grunden til at jeg opfatter opgaven med *at forstå* som ufatteligt omfattende er, at jeg ser mennesket bag ved masken. I mit arbejde med *at forstå* mig selv, må jeg efterhånden indse, at jeg ikke aner, hvor langt jeg er kommet med denne opgave. Jeg har den følelse, at når jeg arbejder på, *at forstå* mig selv, kommer jeg længere væk fra målet. Men langsomt vokser der en ydmyghed i erkendelsen af hvor stort hvert enkelt menneske er.

Jeg har oplevet det som en stor befrielse efter jeg har erkendt, at jeg hverken *forstår* mine medmennesker eller mig selv. Det har været en lang rejse at nå til den erkendelse. I arbejdet med *at forstå* mig selv, har jeg mødt stor modstand fra barnemenneskene, fordi de har syntes, at jeg har været enormt selvoptaget, hvilket de selvfølgelig har haft ret i. Det har sandelig heller ikke været særligt rart at blive konfronteret med mine mørke sider. Jeg føler nu, at jeg i arbejdet med at prøve *at forstå* mig selv, ikke er kommet tættere på målet. Det er som om at hver gang jeg får svar på ét spørgsmål, så dukker der 10 nye op.

Forstår du en sten? Forstår du en plante? Forstår du et dyr? Jeg gør ikke! At sige, at du forstår et menneske, som er en langt mere udviklet skabning – det er da hovmod!

Er der da slet ingen der kan forstå? Det kan mestrene! *Hvad er det for egenskaber mestrene er i besiddelse af, siden de er i stand til at forstå?* De kan simpelthen se hvad sjælen – som er det egentlige menneske – mangler af erfaringer. *Hvorfor har mestrene fået de egenskaber?* De har fået dem, fordi de er nået så langt i deres udvikling, at de ikke på nogen måde vil misbruge deres viden. Barnemennesket har ikke – som jeg ser det – brug for denne form for rådgivning fra mestrene, da livet i det fysiske i sig selv giver rigeligt med erfaringer.

På hvem anvender mesteren så sine evner? Som jeg selv har oplevet, anvender han dem overfor de mennesker, som er mætte af livet i »kassen«, og som i høj grad har brug for en hjælpende hånd til at forlade den.

Hvordan viser mesteren sig? Han vælger en måde, der passer bedst til den foreliggende situation. I mit tilfælde havde mesteren ikke fysisk form. Men ligegyldigt hvordan kontakten er, arbejder mesteren i fuldstændig ubemærkethed. Hvis han udstillede sine evner for offentligheden ville de opfatte ham som en bedrager. De ville forsøge at »forstå« ham, og anbringe ham i deres »kasse«. På den måde ville de udstille deres egen uvidenhed, og mesteren ville kun have bragt forvirring til den lidende menneskehed.

Hvorfor ser vi aldrig en mester? Mestrene lever iblandt os i al ubemærkethed, da det er på den måde de viser de *forstår* os, så de alene ved deres udstråling kan bringe os den bedste hjælp. I ganske få tilfælde manifesterer en mester sig offentligt. Buddha og Jesus er to gode eksempler.

Vil du have kontakt til en mester, må du væbne dig med tålmodighed. I den åndelige verden opsøger eleven ikke læreren. Læreren kommer først, når eleven er parat.

Selv om jeg kun har levet udenfor »kassen« i en begrænset tid, har jeg et stort ønske om at vise forståelse over for mine medmennesker. Da jeg ikke direkte er i stand til *at forstå* dem, sætter det mig i forlegenhed. Men i stedet for at forstå dem, tolererer jeg. Ved at tolerere skaber jeg en stemning af tryghed. *Det jeg forstår,* er, at mennesket har det svært. Min medfølelse begynder at vokse.

Endnu engang har jeg erfaret, hvor vidunderlig min opgave med *at tolerere* er. Opgaven opleves som et løsen til alle de udfordringer livet bringer. Jeg tror imidlertid det kun virker, fordi jeg hele tiden lever med den bevidsthed, *at vi alle sammen er enestående dråber i det store kosmiske hav.*

KAPITEL 11

At tro

DEN TROENDE:
Jeg tror på Jesus Kristus.
DEN SØGENDE:
Hvad vil det sige at du *tror?*
DEN TROENDE:
Jeg tror selvfølgelig på, at han er Guds søn.
DEN SØGENDE:
Er vi da ikke alle Guds børn?
DEN TROENDE:
(lettere irriteret) Jo, men Jesus er mere elsket.
DEN SØGENDE:
Elsker Gud det ene barn mere end det andet?
DEN TROENDE:
Nu gør du mig helt forvirret.
DEN SØGENDE:
Hvad vil det sige at du tror? Er du da ikke helt sikker?
DEN TROENDE:
Hold kæft, hvor er du irriterende. Jeg gider ikke tale med dig mere!

Det er vist tydeligt, at de taler helt forbi hinanden. De er forskellige steder i deres åndelige udvikling. *Den troende* har behov for tryghed i et fællesskab, medens *den søgende* har det fint med at være åben.

Normalt vil barnemennesket sige, at *den troende* er

religiøs. Men det undrer dig vel ikke, at jeg nu vender op og ned på alle gængse begreber:

Den troende har behov for en religion; det giver ham støtte i livet.

Den søgende er religiøs, fordi han har mod til at have et åbent sind.

Disse to udsagn kræver vist en uddybning:

Den søgende er religiøs indtil han stopper op ved en bestemt religion. Han bliver medlem af et fællesskab, og risikerer langsomt at blive begrænset af den pågældende religions regler, fordomme, krav på sandheden og ceremonier. Jeg siger ikke, at det altid vil ske, men det sker meget ofte. Fra at være *religiøs* (søgende) bliver han *troende* (medlem af en menighed).

Det helt store problem med *den troende* er, at der er et hav af religioner, og indenfor én religion er der et væld af trosretninger. Det skaber meget ofte store uenigheder, da *den troende* ofte er overbevist om, at han har fundet sandheden. Her vil jeg lige nævne et eksempel, som har været aktuelt i særdeles lang tid:

Shia-muslimerne og sunni-muslimerne har i snart 1500 år været uenige om fortolkningen af et enkelt skriftsted i koranen, og det går ikke stille for sig. Det kræver dødsofre næsten hver dag. Hvornår mon de bliver mætte af at insistere på *sandheden?*

Der er et hav af eksempler på religionskampe. Her er nogle få:

Nordirland: Katolikker mod protestanter. I Skotland: 2 fodboldklubber, som hader hinanden. Den ene klub er katolsk, den anden er protestantisk (le eller græde?). I

Kashmir: Hinduer mod muslimer. På globalt plan: Muslimer mod kristne.

I Danmark udspiller uenighederne mellem de forskellige religionsopfattelser sig heldigvis på et ikke-voldeligt plan.

En væsentlig ting, som samtlige religioner og trosretninger har til fælles, er troen på et liv efter døden. Tænk hvis dette fælles håb kunne forene i stedet for at splitte, men som jeg har erfaret det, er det åbenbart barnemenneskets største opgave at forsvare sin egen begrænsning – hvilket gør ham tryg. Det må han så fortsætte med, indtil han har mod til at give slip.

Jeg opfatter – billedligt talt – enhver religion som en »krykke«, og den bliver først lagt, når mennesket oplever, at krykken er overflødig. Ikke før!

Her er det yderst vigtigt at respektere, at mennesket har valgt at støtte sig til en krykke. Du sparker vel ikke til en krykke; så vil personen falde.

Jeg kan ikke dy mig for at bringe lidt mere humor ind i kapitlet. Som jeg ser det, er alle religioner og trosretninger forskellige former for *begrænsninger*. Det, som barnemenneskene skændes om, er såmænd hvilken begrænsning, der er den »rigtige«.

Den *troende* har tit meget hurtigt »paraderne oppe«, når talen falder på hans religion, og er hurtig til at forsvare den. Jeg har selv flere gange, ad fornuftens vej, men uden held, prøvet at vise overfor en troende, at jeg deler hans opfattelse af, at hans religion taler om det evige liv. Det er aldrig lykkedes, så det prøver jeg ikke mere. Han er overbevist om, at jeg vil pådutte ham en anden tro. Jeg vil jo bare bestyrke hans egen *tro* ved hjælp af mine egne erfaringer.

Historiens gang fortæller igennem utallige eksempler, at religioner ikke kan forenes. *Det er det enkelte menneske, som må forlade troens vej og blive religiøs.*

Jeg vil nu – med et billede – beskrive en proces, så man langsomt, men sikkert, vil være i stand til at vokse ud over sine begrænsninger, hvis det vel at mærke er et ønske:

Forestil dig, at du er i gang med at lægge et meget stort puslespil. Det mest specielle ved dette puslespil er, at det ikke har kanter, da det er *uendeligt* stort. I lang tid lægger du puslespillet inde i din trygge »kasse«, hvor der er kanter, og hvor du føler dig hjemme. En skønne dag modtager du en brik til dit puslespil, som viser noget, du ikke på nogen måde kan anbringe inde i din egen »kasse«. Hvis du lægger brikken til side, kommer der en skønne dag endnu en brik, som passer til den første brik, du lagde til side. På den måde vil der langsomt vokse *en ny virkelighed.*

Det vil måske lette med et eksempel:

Jeg giver en puslespilsbrik til et folkekirkemedlem. Brikken hedder *reinkarnation.* De fleste afviser reinkarnation som en latterlig tanke, men det modne menneske lægger brikken til side uden at tage stilling. Vi véd alle, at en puslespilsbrik først fortæller os noget, når den kan stykkes sammen med mange andre brikker. Langsomt vokser et større billede frem, og der vil efterhånden opstå en dybere indsigt i, at det er reinkarnation, der gør det muligt for os, at vi får alle de erfaringer, der skal til, for at vi kan udvikle os i livets skole.

Dette kapitel kan måske virke særligt provokerende på et troende menneske, og det vil jeg forsøge at råde bod på. Jeg vil endnu engang minde jer om, at jeg kun videregiver mine egne erfaringer, som jeg har samlet siden mit kosmiske glimt. Der er ikke noget, som er mere rigtigt end noget andet – vi oplever alle sammen forskelligt. En elefant oplever ikke det samme som et barnemenneske, som ikke oplever det samme som en mester, som ikke oplever det samme som vældige himmelske væsener, og så videre. *Alle er på højden af deres udvikling.* Døm ikke, vi er alle brødre og søstre i ånden.

KAPITEL 12

At lære at mestre sig selv

»Du kan kun være DEN DU ER, rolig, klar og lysende.«
Richard Bach

For en hel del år siden så jeg en morsom svensk film. En sælger, som solgte blomsterfrø, fremviste et omfattende sortiment af sine frø ved hjælp af et tykt salgskatalog. På hver side i kataloget var der en prik (et frø) midt på siden med et fint latinsk navn nedenunder. Det var vidunderligt komisk – alle siderne med et lille frø.

Tilsyneladende var alle blomsterfrøene ens, men vi véd alle sammen, at det kun var på papiret, at de var ens. Selv indenfor samme blomsterart er der forskelligheder. Der findes ikke to anemoner, der er fuldstændig ens.

Når frøet kommer i jorden, vokser det med næring fra jorden og det livgivende vand. Efter mørke og modstand ser blomsten dagens lys, og er nu moden til også at modtage næring fra solen. En smuk plante vil langsomt folde sig ud. Den vil blomstre og bære frugt.

Ligesom med planten begynder mennesket også med et frø. Vi har alle et guds frø, et kim, dybt inde i os, og ligesom der ikke er to planter, der er ens, er der heller ikke to mennesker, der er ens. Et græsfrø bliver til græs. Et solsikkefrø bliver til en solsikke. Et agern bliver til et egetræ.

Menneskets udvikling er at ligne med blomsten, som vokser i mørke og modstand, for til sidst at blive til *den* blomst, den er forudbestemt til at blive. Mennesket er ligesom blomsten forudbestemt til noget ganske særligt, for »til sidst« at blive en mester med helt individuelle egenskaber. At blive DEN DU ER.

Kære læser. Nu vil jeg bede dig om at bladre tilbage til kapitel 4, og endnu engang læse min filosofi-drøm. Indholdet af denne drøm ligger som en rød tråd gennem hele bogen. I kapitlerne i denne bog har jeg på forskellig måde forsøgt at beskrive, at vi alle er på en lang, lang vandring på vej til større og større fuldkommenhed, og at vi først har mulighed for at opleve vores sande identitet, når vi er blevet helt mæt af det personlige liv (livet inde i kassen).

Til at opleve vores sande identitet er vores intelligens desværre et mangelfuldt redskab. Starten på filosofi-drømmen er et spørgsmål fra en meget klog mand, som spørger, *hvad ånd er*. Dette spørgsmål er han imidlertid ikke selv i stand til at svare på, da han udelukkende lever oppe i sin hjerne. Det er derfor han insisterer på, at jeg svarer på spørgsmålet. Jeg har i mit svar i drømmen givet et bidrag, som måske kan være til inspiration i dit arbejde med at vokse som menneske.

Arbejdet med at vokse som menneske og med at lære at mestre sig selv, er et kolossalt arbejde med at lære *alle* sine mørke sider at kende. Disse »svagheder og fejl« kan være: Egenkærlighed, forfængelighed, jalousi, vrede, had, og hvad de nu allesammen hedder.

At lære sine mørke sider at kende – hvad vil det sige? Det vil sige, at hver gang disse sider, eller egenskaber, stikker deres ansigt frem, så gælder det om at være *bevidst* om det. Det første store skridt er simpelthen at erkende, at man har disse sider, og acceptere, at man har dem. Det er vigtigt ikke at slå sig selv oveni hovedet; vi er jo bare på vej. I det øjeblik, at man erkender og accepterer, at man har skjulte sider, er man allerede godt i gang med at frigøre sig fra dem.

En af de egenskaber, som jeg selv særligt har måttet arbejde med, er forfængelighed. Når jeg spillede cello i forskellige sammenhænge, var det meget vigtigt for mig at markere hvor god jeg var – det var min forfængelighed, der gjorde sig gældende. Jeg ville imponere. Jeg har sikkert virket frygteligt dominerende på mine omgivelser. Nu er det på en anden måde, når jeg spiller. Nu handler det i højere grad om samværet med de andre. Jeg nyder både samværet med dem jeg spiller med, og samværet med dem jeg spiller for.

Arbejdet med at lære mine mørke sider at kende, har jeg foretaget i ensomhed. Jeg mødte aldrig nogen, som jeg kunne indvie i mine kampe. Jeg blev hjulpet af mine åndelige hjælpere. Når de følte, jeg havde overskud, blev jeg presset, så jeg kunne erkende mine mørke sider. Var jeg følelsesmæssigt langt nede, blev jeg trøstet med kærlighed og visdom. Mange almindelige mennesker følte det som en provokation, at jeg ikke var som dem. Hos dem fandt jeg ingen hjælp. Tværtimod mindede mit samvær med barnemenneskene mig hele tiden om, at jeg var alene om min kamp, og det gjorde ondt. Den kamp, jeg var alene om, var kampen for at finde et nyt livsgrundlag.

I takt med at jeg nu efterhånden har fundet mit nye livsgrundlag, har mit fokus i mine aktiviteter og gøremål ændret sig. Nu har jeg det bedre med at være i baggrunden. I stedet for at jeg selv kommer til orde, er jeg mere opmærksom på at skabe en rar stemning. Men det er ikke altid lige let – det med at være rolig og afventende. Jeg kæmper hele tiden med en stærk personlighed. Den styrke, der ligger i min personlighed, er jeg ved at lære at anvende på en ny måde, så min personlighed bliver et »redskab« for mit åndelige jeg. I denne forbindelse kan jeg så minde mig selv om en dyb sandhed: *Bag ved sand ydmyghed ligger der stor styrke.*

I samværet med mine medmennesker lykkes det somme tider at skabe en atmosfære, hvor vi gensidigt kan få hinanden til at blomstre og udfolde sig. Det er de stunder hvor vores »masker« falder, og hvor vi oplever, at vi er andet end vores personlige jeg. Disse stunder holder jeg meget af.

Ved at forsøge at tolerere mine omgivelser betingelsesløst, føler jeg, at lykken langsomt vokser i mig. Lykken er imidlertid også, at foretage de valg i livet, som jeg inderst inde véd, er de rigtige. Lykken er at have mod til *at gå vejen.* At gå den vej, der er den rigtige for mig. Det er ofte forbundet med smerte, men hvis jeg valgte de lette løsninger, ville jeg være utilfreds med mig selv.

Et eksempel på et svært valg er, at jeg i slutningen af 1990'erne begyndte at overveje om det var en god idé at leve i cølibat. Det var, syntes jeg, en naturlig konsekvens af, at jeg var mæt af et traditionelt parforhold.

Men var jeg mæt af sex? Det kunne jeg af gode grunde ikke vide, men jeg har lige siden jeg begyndte at overveje total afholdenhed følt at det blev lettere og lettere. Jeg har de sidste 8 år holdt mig i skindet, men jeg kender ikke fremtiden. Sexualkraften er i mig, men når den presser på, får jeg hjælp af den 6. »tibetaner«

(en yoga-øvelse). Jeg nævner dette valg, for at illustrere at åndelig udvikling er fyldt med udfordringer.

Opgaven med at tolerere har krævet og kræver fortsat min fulde opmærksomhed. Det forudsætter både mental styrke og følsomhed. Derfor besluttede jeg for ca. 8 år siden, at stoppe med at drikke alkohol. På den måde havde jeg mest muligt overskud i alle situationer. Dermed ikke være sagt, at jeg løser min opgave til min egen tilfredshed, men mulighederne for at gøre det, er større, da jeg er mere tilstede.

I dag føler jeg en dyb fred med min opgave, *at tolerere*. Min taknemmelighed vokser. Jeg får fortsat mulighed for at øve mig i tavshed og tolerance. Sommetider oplever jeg en undren fra mit medmenneske, fordi han mærker min accept. Han opdager måske, at han ikke behøver at forsvare sig og begynder at slappe af. Det kan endda være, han oplever nye sider hos sig selv.

Jeg kan stadig føle mig ensom, men jeg føler ensomheden på en anden måde nu. Før følte jeg mig som den ensomme rytter, men efter jeg har fået indblik i den tidløse visdom, føler jeg mig som den ensomme ørn. Livet blandt barnemenneskene er for længst blevet tomt for mig, men ved at forsøge at praktisere min filosofi, oplever jeg voksende ro og overblik, og jeg har det bedre med min ensomhed, da der langsomt vokser en dejlig følelse af forbundethed med alt levende.

Jeg trives efterhånden med at leve i denne verden, uden at være en del af den.

EFTERORD

Jeg håber, at min lille bog på den ene eller anden måde har kunnet inspirere dig.

Du må meget gerne kontakte mig. Det vil jeg se frem til.

Hans Garde
Teglgårdsvej 415
3050 Humlebæk
hans.garde@hotmail.com